AI와 새로운 민주주의

AI총서

인공지능 시대입니다. 기계가 인간의 인지를 대신하고, 사물이 인간을 통하지 않고 다른 사물과 직접 커뮤니케이션합니다. 이에 따른 인간 삶과 문명 변화를 정확히 이해 · 예측 · 대응하는 것은 이 시대 우리 모두의 과제입니다. AI총서는 인공지능 기술과 환경의 여러 주제를 10가지 키워드로 정리합니다. 관련 개념과 이론, 학계와 산업계의 쟁점, 우리 일상의 변화를 다룹니다. 인간과 기술의 현재, 미래를 세심히 분석합니다.

일러두기

- 인명, 작품명, 저서명, 개념어 등은 한글과 함께 괄호 안에 해당 국가의 원어를 병기했습니다.
- 외래어 표기는 현행 어문규정의 외래어표기법을 따랐습니다.

처음이세요?

전문가세요?

AI와 새로운 민주주의

정병기

대한민국, 서울, 커뮤니케이션북스, 2025

AI와 새로운 민주주의

지은이 정병기
펴낸이 박영률

초판 1쇄 펴낸날 2025년 12월 5일

커뮤니케이션북스(주)
출판 등록 2007년 8월 17일 제313-2007-000166호
02880 서울시 성북구 성북로 5-11
전화(02) 7474 001, 팩스(02) 736 5047
commbooks@commbooks.com
www.commbooks.com

ISBN 979-11-430-1568-6 03500

책값은 뒤표지에 표시되어 있습니다.

차례

포스트 시대의 인공지능과 민주주의

1960년대 말 이후 현대 사회는 '포스트(post-)'가 남발로 느껴질 정도로 회자되는 변화의 시기를 맞았다. '현대'라는 말 자체에도 '포스트'를 붙여 '포스트모던(postmodern)'이라고 한다. 게다가 AI(Artificial Intelligence, 인공지능) 시대에는 '포스트-포스트'까지 언급되고 있다. 민주주의도 마찬가지여서 '포스트민주주의'가 거론된다. 특히 민주주의와 관련해 '포스트'는 위기를 의미한다. 현대 사회의 민주주의는 위기에 빠져들기 시작했으며, AI 시대에 그 위기는 더욱 심화될 것으로 우려된다.

인공지능은 '포스트' 시기 중에서도 디지털 자본주의의 정점에서 출현했다. 'AI 시대'가 '포스트' 개념을 대체할지는 아직 알 수 없다. 하지만 디지털 자본주의가 최고로 발전한 단계임은 쉽게 짐작할 수 있다. 지능 정보 시대가 도래해 기존의 다른 모든 기술과 정보를 흡수하고 재구성하는 단계에 도달했기 때문이다. 이 책은 인공지능의 출현에 초점을 맞춰 디지털 자본주의 이후 포스트 시대의 민주주의 위기를 진단하고 이를 극복할 수 있는 대안을 모색한다.

인공지능과 민주주의의 관계를 이해하려면 인공지능의 역사와 성격뿐 아니라 민주주의의 기본 이념을 알아야 한다. 그에 관한 설명은 이 총서 시리즈의 다른 책《인공지능과 새로운 개인주의》에서 다루었다.《인공지능과 새로운 개인주의》는 민주주의의 바탕이 되는 이념을 개인주의로 보고, AI 시대의 새로운 개인주의로서 각인주의(respectivism)를 제안했다. 인공지능의 역사와 성격 및 각인주의적 민주주의에 관해서는 중복을 피하기 위해 필요한 부분에 한정해 설명할 것이다.

'포스트' 시대의 특징과 인공지능의 성격

앞에서 말했듯이 요즘은 '포스트' 시대라고 해도 과언이 아니다. 포스트모던(포스트모더니즘), 포스트포디즘, 포스트포퓰리즘, 포스트민주주의, 포스트자본주의, 포스트개인주의, 포스트휴먼(포스트휴머니즘)에 이르기까지 '포스트(post)'라는 접두사가 정치, 경제, 사회, 문화의 각 영역에서 사용된 지 오래되었다. 접두사 '포스트(post)'가 현대 사회의 성격을 규정하는 기본 수식어가 된 것이다(이하 접두사 '포스트'와 인공지능에 대해서는 정병기, 2025a; 정병기, 2025b).

'포스트'는 '~의 뒤나 다음 혹은 이후(after or later than)'라는 뜻의 접두사다. 하지만 실제 용례를 보면 '후기'와 '탈'의 의미를 동시에 함축하며, 나아가 '발전'과 '쇠퇴'를 의미하기도 한다. '후기'로 쓰일 때는 '연속성'을, '탈'로 쓰일 때는 '단절성'을 의미한다. 다시 말해 '포스트'는 본말의 범위를 일정하게 벗어나지만 완전히 벗어나지는 않은 상태나 성질을 지칭할 때 쓰인다. 'postmaterialism'이 탈물질주의로 번역되듯 물질주의를 벗어남을 의미하지만, 'postmodern'은 후기 근대와 탈근대(탈현대)로 모두 번역되어 모더니즘을 이으면서도 벗어나는 경향을 함께 지칭한다.

'후기'든 '탈'이든 '포스트'는 본말의 상태에 변화가 있음을 나타내는데, 이 변화는 발전이기도 하고 쇠퇴이기도 하다. 대개의 경우 발전의 의미를 담고 있지만, 포스트민주주의는 민주주의의 위기를 뜻한다. 포스트개인주의는 아직 뚜렷한 용례를 찾기 어렵지만, 대개 집단주의로의 후퇴 경향을 지칭하거나 개인이 더 원자화되고 쪼개지는 현상을 가리킨다.

디지털 자본주의와 인공지능의 발달까지 염두에 둔다면 '포스트' 시대는 21세기의 현상이다. 2000년대 이후는 뉴미디어의 발전에 따라 쌍방향 의사소통 체계가 형성되는 한편 신자유주의가 약해지고 새로운 개인주의가 생겨나 대중의 성격도 변하고 있음을 특징으로 한다. 그러나 신자유주의의 약화는 디지털 자본의 등장과 더불어, 변화된 자본이 새로운 경제 · 사회 변화에 적응하는 과정일 뿐 신자유주의를 철회하거나 그 사회적 폐단을 해결하는 경향을 의미하지는 않는다. 오히려 세계화를 동반한 신자유주의가 정점을 넘어 기존 방식으로는 더 이상 확대해 갈 수 없기 때문에 공고화 단계에 접어들면서 근본적 변화를 모색하는 과정이다.

인공지능(AI)에 대한 정의는 통일되어 있지 않지만, 대개 '기계로 하여금 지능적 행동을 하게 하는 기술 혹은 인공적 지능을 가진 기계'라고 할 수 있다(안병훈 · 김영배, 2020). 이때 지능적 행동은 인간의 지능 행위를 의미한다. 인공지능은 약인공지능과 강인공지능으로 나뉜다. 약인공지능은 인간 두뇌의 일부 기능을 모방해 특정 목적과 용도에 제한된 기능을 수행하는 지능을 의미하며, 강인공지능은 인간 두뇌를 대체할 수 있을 정도로 다목적 과제 수행이 가능한 범용 지능을 지칭한다(조영임, 2020). 강인공지능은 사람과 동일한 수준의 지능을 갖춘 것으로 여겨지지만, 사람의 지능을 능가하는 초인공지능을 포함하기도 한다.

현재까지 개발된 인공지능은 비약적인 발전에도 불구하고 강인공지능에까지 이르지는 못했다. 하지만 인공지능 기술은 지속적으로 발전할 것이다. 게다가 양자 컴퓨팅 기술이 도입되면 인공지능의 능력은 상상 이상으로 발전할 것으로 예상된다(박상용 외, 2024). 양자 컴퓨팅 기술은 현행 기술로 1만 년 걸리는 연산을 200초 만에 해낼 수 있다고 한다.

인공지능의 비약적 발전은 인간을 능가하는 지적 존재의 등장을 의미한다. 강인공지능의 시대는 포스트휴머니즘의 시대로 불리기도 한다. 인간 중심 사회를 벗어나기 시작하거나 일정하게 벗어난 사회를 의미한다. 포스트휴머니즘 시대가 아직 도래했다고 하기는 어렵지만, 점차 그러한 사회로 나아갈 것이라는 점에 의심을 품기 어렵다. 그러므로 현대 사회가 구가하고 있는 민주주의도 인공지능으로부터 심대한 영향을 받을 수밖에 없다. 그 지적 능력은 민주주의를 더 발전시킬 수도 있고, 치명적 후퇴를 초래할 수도 있다. 하라리(Harari, 2024)가 경고했듯 인공지능의 더 무서운 점은 단순한 도구가 아니라는 점이다. 인공지능은 스스로 정보를 처리할 수 있기 때문에 인간을 대신해 결정을 내릴 수 있는 '행위자'라는 것이다.

던(Dunn, 2014)은 '민주주의는 정말 그리스에서 처음 발명되었는가?'라는 질문을 다시금 제기한다. 그리스인들은 그렇다고 하겠지만, 다른 나라 사람들은 수긍하지 않을 수도 있다고 한다. 하지만 국가 차원에서 민주주의의 원형을 최초로 제도화한 나라가 그리스임은 분명하다.

민주주의의 개념과 발전 유형에 대해서도 수많은 논쟁이 있어 왔다. 민주주의를 제도나 이념으로 보지 않고 하나의 과정이나 상태, 혹은 역사적 기획으로 보는 입장까지 있다(Ranciere, 2005; Lummis, 1996). 하지만 어원으로 볼 때 민주주의 개념에 대한 논쟁은 대개 통치 체제와 이념 사이에 놓여 있다. 이 책은 민주주의를 기본적으로 이념으로 보고, 그 이념을 구현한 통치 체제를 민주정 혹은 민주주의 체제로 규정한다(정병기, 2025a 참조).

민주주의 발전 유형과 관련해서는 아테네 고전 민주주의에서 로마 공화주의를 거쳐 대의 민주주의로 발전해 점차 직접 민주주의를 도입해 가는 과정이라고 보는 것이 일반적이다. 그 가운데 계발 공화주의와 계발 민주주의, 보호 공화주의와 보호 민주주의, 엘리트 민주주의와 다원적 민주주의가 생겨났고, 참여 민주주의와 숙의 민주주의를 고안하는 단계까지 왔다고 정리된다(Held,

2006).

민주주의의 현대적 이해는 '인민의 자치'이며, '인민의 자치'는 '누구도 지배하지 않고 아무도 지배받지 않는' 조건에서 가능하다(이하 민주주의의 개념에 대해서는 정병기, 2025a 및 2025b 참조). 다시 말해 '모든 사람(혹은 개인)이 지배받지 않을 자유로운 상태'와 '어떠한 사람(혹은 개인)도 지배할 특권을 갖지 않는 평등한 상태'를 전제한다.

자유와 평등은 대립하거나 상반되는 개념이 아니다. '자유'의 반대는 '평등'이 아니라 '속박', '구속', '억압', '종속' 같은 부자유다. '평등'의 반대도 '자유'가 아니라 '차별', '차등', '특권' 등과 같은 불평등이다. '자유'와 '평등'을 상호 반대되는 개념으로 인식하는 것은 이데올로기적으로 현실과 개념을 혼동하는 것이다. 자유와 평등은 양립할 수 있을 뿐 아니라, 동전의 양면처럼 상호 필연적이다.

민주주의의 핵심적 내포는 자유주의가 아니라 개인주의다. 이 개인주의는 자유 시장과 기업의 자유로 연결되는 경제 중심적 사상이 아니라, 공동체의 일원으로서 각인(各人)이 갖는 자유와 평등을 핵심 가치로 삼는 사상을 말한다. 전체나 집단을 위해 개인(각인)이 존재한다고 보는 전체주의나 집단주의와 달리, 개인주의는 개인(각인)을 위해 전체나 집단이 존재한다고 본다.

포스트개인주의는 본격적으로 도래할 포스트휴머니즘 시대를 앞둔 시점에서 개인 중심적 사고를 벗어나는 시도라는 점에서 중요한 의미를 갖는다. 하지만 그 '개인'이라는 의미는 여전히 집단이나 공동체와 대립하는 뉘앙스를 벗어나지 못한다. 따라서 '새로운 개인주의'로 출발하되 포스트개인주의도 넘어설 새로운 개념이 필요하다. 그래서 나는《인공지능과 새로운 개인주의》에서 '새로운 개인주의'라는 단어를 임시로 사용하면서 그 내용을 담보하는 개념으로 '각인주의(各人主義, respectivism)'를 제안했다. 이때 각인은 '누구도 지배하지 않고, 아무도 지배받지 않는다'는 자치의 민주주의 원리에 부합하기 때문이다. '개인이 자유롭고 평등하다'가 아니라 '각인이 자유롭고 평등하다'는 의미다. 각인주의는 인간의 가치를 규정하는 전제로 공동체를 가정하지는 않지만, 사회에 존재하는 각인의 행동을 제한하는 전제로서는 공동체를 가정한다('respective' 개념은 사회적 조화와 상호 작용을 중시하는 의미를 내포한다).

각인주의는 공화주의도 포괄한다. 그러나 이 공화주의는 로마 공화주의를 의미하는 것이 아니다. 이윤복

(2015)이 잘 정의한 것처럼, 현대 공화주의(Rawls의 자유주의적 공화주의건, Sandel의 공동체적 공화주의건)에서 국가를 비롯한 정치 공동체는 "모두에 의한, 모두를 위한, 모두의 것이고 또한 그런 것"이어야 한다. 각인주의적 공화주의가 상정하는 정치 공동체도 마찬가지다. 이 공동체는 단순히 구성원들의 집합(sum)도 아니고, 유기체적 전체(whole)도 아니며, 구성원들의 총화(totality)다.

각인주의에 기반한 민주주의는 최종 결정에서조차 다수결이 절대 원칙이 되어서는 안 된다. 각인의 가치는 동등하지만, 어느 각인도 전체나 다른 각인을 위해 희생을 강요당해서는 안 되기 때문이다. 구조적으로 다수자인 집단이 소수자 집단의 이익을 보호할 때 우리는 기울어진 자유와 평등을 바로잡을 수 있다. 옳고 그름이 명확하지 않을 때는 약자 편을 드는 것이 옳다. 강자는 이미 구조적으로 유리한 지점에 있기 때문이다.

각인주의에 입각해 자유와 평등이 동시에 보장되어야 한다는 민주주의의 기본 이념은 정치, 사회 경제, 생산 현장, 일상에서 모두 실현되어야 한다. AI 시대에는 정보 영역을 더 추가해야 할 것으로 생각된다. 하지만 지능정보 사회에서 정보는 기존의 네 영역과 구분되어 존재한다기보다 네 영역에서 모두 작동하는 공통 요소로 기능한다. 정보를 공통 요소로 하더라도 네 가지 영역은 각각 별도의 논의를 필요로 하는 방대한 주제들이다. 이 책에서는 정치적 민주주의에 한정해 논의할 것이다.

인공지능이 민주주의에 미치는 영향

하라리(Harari)는 캐나다 밴쿠버에서 열린 '2018 테드(TED) 콘퍼런스' 강연에서 "정보 기술과 생명 공학이 만나, 그 결과로 탄생한 새로운 알고리즘은 … 나의 느낌과 감정까지도 조종할 수 있게 될 것이다. … 민주주의는 이런 상황에서 살아남기가 쉽지 않다"고 말했다(이중원, 2019). 또한 그는 "정보 기술 혁명으로 독재 체제가 민주주의보다 더 효율적이게 될 것"이라고 덧붙였다. 맹주만(2024)도 인공지능이 민주주의에 미치는 영향을 "인공지능의, 인공지능에 의한, 인공지능을 위한 민주주의"로 요약했다. 민주주의의 운영이 구성원들의 자발적 의사가 아니라 인공지능이라는 기계의 결정에 의해 좌우되는 것을 우려한 표현이다.

반면 사이버 민주주의, 디지털 민주주의, 전자 민주주의, 데이터 기반 민주주의, 헤테라키(heterarchy) 민주주의, 알고크러시(algocracy) 민주주의 등에 관한 논의는 지능 정보의 발달로 인해 민주주의의 장애 요소들이 비약적으로 극복될 수 있다는 전망을 내놓기도 한다. 하지만 AI 시대가 본격적으로 도래하지 않은 지금, 낙관적 전망보다 위기감과 우려가 더 큰 것이 사실이다.

이미 많은 논자들이 민주주의에 대한 인공지능의 영향을 낙관론(혹은 긍정론)과 비관론(혹은 부정론)으로 정리한 바 있다(손현주, 2019; 이중원, 2019; 윤수정, 2021; 홍석한, 2022). 낙관론이 주로 주장하는 인공지능 효과는 보편적 정보 접근성의 민주화, 정치 참여 기회의 확대, 정부 효율성의 증대, 인간 자유 영역의 확대 등이다. 이와 달리 비관론이 주로 거론하는 효과는 시민에 대한 감시와 통제의 강화, 정보와 여론 및 대중의 조작, 정치적 의사 형성의 왜곡, 소수 디지털 기업으로의 권력 집중, 구성원 및 인간의 자율성과 자기 결정권의 약화, 사회적 불평등과 차별의 심화 등이다.

낙관론은 주로 인공지능의 가치중립적 성격과 도구적 성격을 강조한다면, 비관론은 그 구조적 성격과 행위자적 성격을 강조한다. 하지만 인공지능은 단순히 도구의 차원을 넘어 행위자적 성격을 띠고 있음이 점차 드러나고 있다. 중요한 것은 아직 본격적으로 도래하지 않은 인공지능의 부정적 효과를 최소화하고 긍정적 효과를 최대화하는 방안을 미리 마련하는 것이다.

본문에서는 AI 시대에 민주주의가 봉착할 위기를 진단하고 그에 대한 처방과 대안을 논의할 것이다. 논의는 인공지능의 물질적 토대인 디지털 자본주의와 민주주의에 관해 살펴보는 것에서 시작한다. 이어 AI 시대 민주주의의 위기를 별도로 상세히 논의하고, 뉴미디어의 의미와 영향을 검토한 다음, 대의 민주주의의 의미와 한계를 직접 민주주의 및 선거와 연결해 고찰한다. 제6장과 제7장은 AI 시대에 주목해야 할 민주주의의 네 가지 유형, 즉 헤테라키 민주주의와 유동 민주주의, 인공지능 거버넌스와 알고리즘 민주주의를 고찰하는 데 할애한다. 제8장에서는 AI 시대에 바람직한 정부와 의회 및 거버넌스 기구의 구성에 대해 알아보고, 제9장에서는 AI 시대의 정당 정치와 정치 팬덤의 전망에 대해 살펴본다. 마지막으로 제10장은 AI 시대에도 여전히 중요하고 더 중요해질 수도 있는 지역 자치와 분권에 대해 알아본다.

참고문헌

맹주만(2024). “의사소통 권력과 인공지능의 민주주의”. 《철학탐구》, 74, 71~102쪽.

박상용 외(2024). 《인공지능 기술비평학: 인공지능, 기술-사회-사람》. 태학사.

손현주(2019). "인공지능 거버넌스와 민주주의의 미래". 《사회사상과 문화》, 22(2), 305~349쪽.

안병훈 · 김영배(2020). "프롤로그". 소이경제사회연구소 AI연구회 편. 《AI와 사회 변화: 지금 우리는 무엇을 준비해야 하는가》, 6~56쪽. MID.

윤수정(2021). "인공지능과 민주주의에 관한 소고". 《헌법재판연구》, 8(2), 3~27쪽.

이윤복(2015). "공화민주주의와 뉴미디어 – SNS를 통한 시민의 정치참여를 중심으로". 《철학연구》, 133, 235~261쪽.

이중원(2019). "인공지능과 민주주의". 《철학과 현실》, 123, 123~136쪽.

정병기(2025a). 《인공지능과 새로운 개인주의》. 커뮤니케이션북스.

정병기(2025b). "'포스트(post)' 시대의 갈등과 통합: 양극화, 포스트민주주의, 포스트개인주의와 각인주의". 《철학과 현실》, 145, 121~134쪽.

조영임(2020). "인간 지능과 인공지능". 이중원 편. 《인공지능과 포스트휴머니즘》, 35~61쪽. 이학사.

홍석한(2022). "민주주의에 대한 인공지능의 위험과 규범적 대응 방안". 《헌법학연구》, 28(1), 127~159쪽.

Dunn, J.(2014). *Breaking Democracy's Spell.* Yale University Press. 황미영 옮김(2015). 《민주주의의 마법에서 깨어나라》. 레디셋고.

Harari, Y. N.(2024). *Nexus: A Brief History of Information Networks from the Stone Age to AI.* Random House. 김명주 옮김(2024). 《넥서스》. 김영사.

Held, D.(2006). *Models of democracy*(3rd ed.). Stanford University Press. 박찬표 옮김(2010). 《민주주의의 모델들》. 후마니타스.

Lummis, C. D.(1996). *Radical Democracy.* Cornell University

Press. 이승렬·하승우 옮김(2024). 《래디컬 데모크라시》. 한티재.

Ranciere, J.(2005). *La haine de la democratie*. Editions La Fabrique. 허경 옮김(2011). 《민주주의는 왜 증오의 대상인가》. 인간사랑.

01
디지털 자본주의와 민주주의

마르크스(Marx)는 자본을 매머드에 비유했다. 이는 자본주의에서 모든 생산 수단이 자본의 형태로 전환되고, 모든 생산 양식이 자본주의적 생산 양식으로 수렴한다는 뜻이다. 리스(Risse, 2023)는 "기술이 오늘날 사회와 문화의 모든 측면을 촉발하고 규정한다"고 단언했다. 특히 디지털 시대에 기술이 시민권과 인류의 미래에 압도적인 영향을 미친다고 보며, 정치의 역할을 강조했다. 곧 정치 철학은 기술 철학이어야 한다.

기후 위기와 인공지능?

디지털 자본주의와 인공지능

아날로그(analog)'라는 말은 '~에 따라(according to)'를 뜻하는 헬라어 '아나(ana)'와 비례 · 비율을 의미하는 '로고스(logos)'에서 유래했다(Risse, 2023). 아날로그는 시곗바늘의 움직임에 따라 시간을 재는 것처럼, 대상의 변화를 연속적 측정값으로 나타내는 방식을 중심으로 구성된다. 따라서 아날로그 세계는 촉각과 청각을 비롯한 각종 물리적 경험에 기반한 상호 작용과 기술을 발전시켰다. 반면 손가락을 뜻하는 라틴어 '디지투스(digitus)'에서 유래한 디지털은 코드화된 정보를 중심으로 구성된다. 이에 따라 디지털 세계는 정보의 안정적인 전송과 저장을 가능하게 했으며, 반도체 회로의 발명과 소형화 기술에 힘입어 연산 능력의 폭발적 증가를 가져왔다.

리스(Risse, 2023)는 디지털 시대인 21세기를 지구 중심의 삶을 영위하는 마지막 단계에서 새로운 시대로 전환하는 시기로 전망했다. 그는 테그마크(Tegmark, 2017)의 구상을 준용해 디지털 시대를 라이프 2.0(Life 2.0)으로 규정하고, 그 이전과 이후를 각각 라이프 1.0 및 라이프 3.0으로 명명했다.

생물적 단계인 라이프 1.0은 인류 등장 이전의 시기로서 하드웨어와 소프트웨어가 DNA에 따라 진화할 뿐, 각 개체가 어떤 것도 스스로 설계할 수 없는 시기이며, 문화적 단계인 라이프 2.0은 인류 등장 이후 현재까지의 시기로서 하드웨어는 DNA에 따라 진화하지만 각 개체가 소프트웨어의 많은 부분을 스스로 설계할 수 있는 단계다. 가장 발전된 단계로서 아직 구체적 형태가 드러나지 않은 라이프 3.0은 각 개체가 하드웨어와 소프트웨어를 스스로 설계할 수 있는 기술적 단계다.

라이프 1.0과 라이프 2.0은 디지털 시대 이전의 시기에 해당한다. 리스와 테그마크가 공통적으로 AI 시대를 라이프 3.0으로 규정하지만, 디지털 시대가 어디에 포함되는지는 분명하지 않다(비록 리스가 라이프 2.0에 포함시켰지만). 디지털 시대를 라이프 2.0과 3.0의 과도기로 볼 수도 있고, 라이프 2.0의 마지막 단계 혹은 라이프 3.0의 시작 단계로 볼 수도 있다. 여기에 '포스트' 개념을 적용한다면, 디지털 시대는 '포스트-라이프 2.0'으로 규정할 수 있다.

중요한 것은 디지털 자본주의가 AI 시대의 물질적 토대라는 점이다. 이때 디지털 자본주의는 아날로그를 전적으로 배제하지 않는다. 아날로그의 제도와 방식을 포괄하되, 작동 원리는 디지털에 근거한다. 그러므로 인공지능이 본격적으로 도래하기 전에 근본적 변화가 이루어지지 않는다면 디지털 자본주의의 핵심 모순은 유지될 수밖에 없다. 디지털 자본에 의한 시장 독점, 사회적 불평등과 양극화의 심화, 더욱 강력한 인권 제약이 그 대표적 모순들이다.

초연결 사회와 포스트개인주의

디지털 자본주의의 핵심 특징 중 하나가 초연결 사회(Hyper-Connected Society)다. 이는 디지털 사회의 네트워크화가 그 편재성과 연결 · 소통 · 교환 방식의 강화를 통해 초연결성으로 나아간다는 의미다(Castells, 2010; Rainie & Wellman, 2012; Vitale, 2014). 초연결 사회에서 연결, 소통과 교환의 단위는 개인이므로, 디지털 사회의 개인은 네트워크화된 개인이다(김범수 외, 2021). 네트워크 사회는 사회 행위자들이 점유한 지위 간 교류와 상호 작용의 흐름으로도 파악된다. 이 흐름의 공간에서 행위자의 위치는 고정된 실체로 존재하지 않는다. 노드의 집합만이 등장할 뿐이다. 노드 간 상호 연결성이 중요하며, 이 연결은 위계적 · 계층적인 전통적 사회 모델이 아니라 수평적이고 자율적인 상호 관계다. 그러므로 개인의 자율성이 증대할 수 있다(Castells,

2010).

반면 네트워크화된 개인들은 부정적 병리 현상에 빠지기도 한다. 소셜 미디어의 과도한 사용이 중독성을 초래하기 때문이다. '가상 관계 중독(cyber-relationship addiction; Kuss & Griffiths, 2011)'으로 불리는 네트워크화된 개인의 중독은 컴퓨터 게임 중독, 웹 서핑 중독, 온라인 도박 및 쇼핑 중독 등의 인터넷 중독과 구분된다.

초연결 사회에서 나타나는 이러한 현상과 그 단위인 개인의 사고는 초개인주의(hyper-individualism)로 설명되곤 한다. 사실 초개인주의 개념은 많은 연구에서 정보 통신 기술과 네트워크 환경의 변화라기보다 신자유주의 사회·문화의 확산이라는 맥락에서 도출되었다(김범수 외, 2021). 예컨대 1980년대 이후 신자유주의의 부상으로 집단 내 유대가 약화되고 사회 제도의 무력화와 생존의 사사화(私事化)가 진행되었으며, 그에 따라 초개인주의로 규정되는 탈사회적 개인주의가 등장했다(이영자, 2011). 이때 초개인주의는 개인적 소비와 이기심의 확대를 지적한다(Duroy, 2017; Mirowski, 2013).

그러나 디지털 자본주의가 AI 시대로 발전하면서 초개인주의만으로 설명할 수 없는 현상들이 나타난다. 대표적으로 분인(dividuum) 현상이 있다. 인공지능 알고리즘에 따라 개인은 각종 취향과 성향 등으로 분절되어 데이터화된다. 이 데이터는 디지털 자본이 이윤을 창출하는 핵심 자원으로 기능하며, 개인의 종속을 심화시킨다. 초개인주의는 개인의 과도한 연결성에 초점을 맞추기 때문에 개인이 분인으로 분할되는 현상을 간과한다. 이러한 분인 현상은 포스트개인주의(정병기, 2025)라는 개념으로 파악할 수 있다. 주의할 점은, 여기서 '포스트'의 의미가 집단주의로의 회귀가 아니라 개인이 분인으로 쪼개지면서 개인이라는 단위를 넘어선다는 데 있다. 물론 이 현상은 개인이 초연결 상태로 존재하기 때문에 가능하다. 초연결 상태의 개인들이 무의식적으로 인공지능 알고리즘에 노출되면서 나타나는 현상이다.

디지털 자본주의에서의 인공지능과 민주주의

런시먼(Runciman, 2018)은 몽유병자는 위험할 때 깨워야 하지만 줄타기 곡예사에게는 충격 요법이 오히려 위험하다고 말한다. 현대 민주주의는 몽유병과 줄타기 곡예의 모습을 모두 보인다. 인공지능은 디지털 자본의 산물 가운데 가장 고도로 발전한 도구로서, 나아가 행위자적 성격까지 갖추고 있다. 도구의 유용성을 지나치게 강조하면 실용주의 독재나 에피스토크라시(epistocracy:

지식인에 의한 통치)를 초래할 위험이 있다. 실용주의 독재와 에피스토크라시는 지구적 재앙과 같은 긴급한 문제에 직면했을 때나 고도의 전문 지식이 요구되는 상황에서 몽유병과 줄타기 곡예의 난관을 극복하는 데 유리할 수 있다. 그러나 이는 비상 대권에 준하는 긴급 대응이나 드문 특수 분야로 한정되어야 한다. 그럼에도 사회 전반을 통제하는 제도로서 이러한 해결책을 도입하면 사회 구성원들은 심각한 통제와 감시에서 벗어나기 어렵게 된다.

하라리(Harari, 2024)는 디지털 시대에 민주주의가 따를 수 있고 따라야 하는 첫 번째 기본 원리로 선의(善意)를 제시한다. 컴퓨터 네트워크가 나에 대한 정보를 수집한다면, 그 정보는 나를 조종하기 위해서가 아니라 나에게 도움이 되는 방향으로 사용되어야 한다. 이러한 요구는 분인화된 개인을 새로운 통합적 주체로 세우는 동시에, 공동체 일원으로서 타인의 자유와 평등을 침해하지 않는다는 각인주의와 연결된다. 이를 통해 그의 셋째 원리인 상호주의도 확보될 수 있다.

하라리는 분권화를 둘째 원리로 꼽는다. 실용주의 독재와 에피스토크라시는 분권화와 거리가 멀다. 분권화의 단위는 각인의 참여가 가장 효율적으로 이루어질 수 있는 수준에서 결정되어야 한다. 하라리가 제시한 다른 원리들—상호주의와 감시 시스템의 자정 능력 확보 등—도 이러한 원리와 결합해야 한다. 감시 시스템에 변화와 휴식의 여지를 부여해 자정 능력을 갖추게 한다는 넷째 원리 또한 분권화를 통해 보다 수월하게 확보될 수 있다.

참고문헌

김범수 외(2021). "인공지능 기술 확산에 따른 민주주의와 사회적 연대의 미래". 《정책연구》, 2021(7). 정보통신정책연구원(방송통신정책연구 2021-0-00008).

이영자(2011). "신자유주의 시대의 초개인주의: 개인주의의 후기 근대적 변종". 《현상과 인식》, 35(3), 103~127쪽.

정병기(2025). 《인공지능과 새로운 개인주의》. 커뮤니케이션북스.

Castells, M.(2010). *The Rise of the Network Society*(2nd ed). Blackwell.

Duroy, Q.(2017). Hyper-individualism and Ultrasociality in a Veblenian Framework. *Ecological Economics, 131*, pp.538~542.

Harari, Y. N.(2024). *Nexus: A Brief History of Information Networks from the Stone Age to AI*. Random House. 김명주 옮김(2024). 《넥서스》. 김영사.

Kuss, D. & Griffiths, M.(2011). Online Social Networking and Addiction – A Review of the Psychological Literature. *International Journal of Environmental Research and Public Health, 8*, pp.3528~3552.

Mirowski, P.(2013). *Never Let a Serious Crisis Go to Waste: How*

Neoliberalism Survived the Financial Meltdown. Verso.

Rainie, L. & Wellman, B.(2012). *Networked: The New Social Operating System*. MIT Press.

Risse, M.(2023). *Political Theory of the Digital Age: Where Artificial Intelligence Might Take Us*. Cambridge University Press. 박성진 옮김(2024). 《AI 시대의 정치이론: 인공지능이 민주주의를 파괴할 것인가?》. 그린비.

Runciman, D.(2018). *How Democracy Ends*. Profile Books Ltd. 최이현 옮김(2020). 《쿠데타, 대재앙, 정보 권력: 민주주의를 위협하는 새로운 신호들》. 글담출판사.

Tegmark, M.(2017). *Life 3.0: Being Human in the Age of Artificial Intelligence*. Knopf. 백우진 옮김(2017). 《맥스 테그마크의 라이프 3.0: 인공지능이 열어갈 인류와 생명의 미래》. 동아시아.

Vitale, C.(2014). *Networkologies: A Philosophy of Networks for a Hyperconnected Age*. Zero Books.

02
AI 시대의 포스트민주주의

인공지능은 문명의 이기(利器)임이 분명하다. 그러나 치명적 위험을 초래할 수도 있다. 우리는 핵을 안고 있지만 그것은 도구일 뿐이다. 인공지능은 그 핵을 조직하고 터뜨릴 수도 있는 행위자다. 인공지능은 민주주의의 수단적 이기이자 위협이며, 동시에 행위자적 기회이자 위협이기도 하다.

노래하는 AI 보컬?

'포스트민주주의'와 인공지능

크라우치(Crouch, 2004)는 정치에 대한 자본의 지배가 강화되는 현상을 '포스트민주주의(post-democracy)'라고 불렀다. 앞서 사용된 '포스트'의 개념과는 사뭇 다른 용법이다. 물론 '탈민주주의'로 읽을 수도 있다. 하지만 '극복'의 의미는 담겨 있지 않고, '위기'의 의미가 분명히 내포되어 있다. 크라우치의 위기론이 디지털 자본주의나 인공지능을 직접 겨냥한 것은 아니다. 그러나 현대 사회를 디지털 사회로 규정하고 인공지능을 그 정점에 이른 기술로 본다면, 이 위기론은 디지털 자본주의와 AI 시대에도 충분히 적용된다.

디지털 기술은 역사적으로 지대한 영향을 미쳐 왔으며, 인공지능 기술은 디지털 기술을 포괄·수렴하는 상위 기술이다. 디지털 자본주의가 민주주의를 위협하는 현상은 AI 시대에 와서 사라지는 것이 아니라 더 고도화될 수 있다. 특히 신자유주의로 심화된 빈부 격차가 유지된 채 막대한 자본을 요하는 인공지능이 보편화된다면, 자본의 지배는 더욱 강화되고 갈등도 심화할 것이라는 우려가 커진다.

크라우치와 반대로, 현대 민주주의의 위기가 민주주의의 과잉에 기인한다고 보는 주장도 있다(Talisse,

2019). 경제에 의해 정치가 침식되어 실종되는 것이 문제가 아니라, 정치의 과잉으로 인해 다른 사회 부문들이 정치적 균열과 구획에 따라 결정되는 것이 문제라는 뜻이다. 민주주의의 위기를 정치 외부가 아니라 정치 내부에서 찾는 입장이다. 물론 이 입장이 엘리트주의 정치나 민주 정부의 최소화를 주장하는 것은 아니다. 오히려 정치 바깥에서의 협업과 프로젝트가 가능하도록 사회적 공간을 일정 부분 확보해야 한다는 것이 핵심 주장이다.

탈리스는 특히 정치의 과잉이 아니라 민주주의의 과잉이라고 강조한다. 그러나 '정치의 과잉'이라는 주장을 피하려는 이 시도는 오히려 정치와 민주주의를 동일시하게 만들고, 그로 인해 사회 경제, 일상, 작업장 측면을 간과한다. 실제로 그 자신도 같은 책의 다른 곳에서는 '민주주의 정치의 과잉'이라는 표현을 쓰면서, 정치의 범주와 충성심이 사회적 삶 전반에 침투하여 광범위한 사회적 정렬이 이루어지는 현상을 "사회의 정치적 포화(또는 정치적 포화)"라고 부른다.

결국 정치적 민주주의 위기가 정치 내부에서 비롯되는가, 정치 외부에서 비롯되는가에 관한 논쟁이다. 이를 인공지능과 연결해 볼 때, AI 시대의 민주주의가 위기에 처한다면 그 원인이 정치적 민주주의의 내부 모순인지,

아니면 인공지능의 외적 영향인지의 문제로 이어진다.

어떤 현상이 다른 현상의 원인이 되려면, 그 원인 현상이 존재하기 전에는 그 결과 현상도 존재하지 않아야 한다. 그러나 인공지능이 초래할 것으로 예상되는 민주주의의 위기들은 대부분 이미 디지털 자본주의에 존재해 온 위기들이다. 인공지능이 행위자적 성격을 더한다 해도, 그 위기는 기존 위기의 증폭을 의미한다. 경제적·구조적 위기들이 정치와 민주주의를 위태롭게 한다는 크라우치식 진단은 설득력이 있다. 다만 현대의 경제 체계가 등장하기 전에도 민주주의의 위기는 종종 있었다. 자본주의 수립 이후 자유 민주주의 이념의 제도적 형태로 정착해 온 대의 민주주의는 언제나 위기에 처할 수 있었다. 곧, 대의 민주주의 자체에 잠재한 모순이 특정 조건에서 현실화된 것으로 보는 편이 논리적이다. 문제는 인공지능이 현실화시키는 위기가 더욱 치명적일 수 있다는 점이다. 그것은 탈리스의 제안처럼 정치가 제자리로 돌아간다고 해서, 또는 크라우치식으로 경제에 의한 정치의 침식이 사라진다고 해서 해결될 문제가 아니다.

포스트휴먼 민주주의

2019년 경제협력개발기구(OECD)는 인공지능이 야기할 수 있는 사회적 문제에 대응하기 위해 '신뢰 가능한 인공지능을 위한 권고안'을 만장일치로 채택했다(김범수 외, 2021; 조소영, 2020). 특히 민주주의와 관련해 이 권고안은 "인공지능 시스템은 법의 지배, 인권, 민주적 가치, 다양성을 존중하는 방식으로 설계되어야 하며, 필요한 곳에 인간이 개입할 수 있도록 하는 등 공정하고 정의로운 사회를 위한 적절한 안전장치를 포함해야 한다"는 원칙을 담았다(이중원, 2019).

투명성과 설명 가능성에 관한 가이드라인도 민주주의와 밀접하다. OECD는 인공지능 시스템 전반에 대한 투명한 공개 절차를 촉구하고, 설명 가능성을 갖추도록 권고했다. 구체적으로는 다음과 같다(한상기, 2021).

① 인공지능 시스템에 대한 일반적 이해를 조성하고,
② 이해관계자가 자신의 작업 환경에서 인공지능 시스템과의 상호 작용을 인지할 수 있게 하며,
③ 인공지능 시스템의 영향을 받는 사람들이 결과를 이해할 수 있도록 하고,
④ 불리한 영향을 받는 사람들이 그 결과에 맞설 수 있도록 지원해야 하며, 이를 위해 인공지능의 요소, 예측, 추천, 결정의 근거가 되는 알고리즘을 평이하고 이해하기 쉬운 정보

로 제공해야 한다.

같은 해 유럽연합 집행위원회(European Commission, 2019)의 독립 자문기구인 '인공지능 고위 전문가 그룹(High-Level Expert Group on AI)'도 '신뢰 가능한 인공지능을 위한 윤리 지침(Ethics Guidelines for Trustworthy AI)'을 발표했다. 이 지침은 '합법적(lawful)이고 윤리적(ethical)이며 견고한(robust) 인공지능'을 신뢰 가능한 인공지능으로 정의하고, 개발 · 배치 · 이용의 전 과정에 적용할 평가 항목을 제시했으며, 관련 조직이 이를 조직 구조에 포함하도록 권고했다(김범수 외, 2021).

국가 차원에서도 법률뿐 아니라 표준화 기구를 중심으로 인공지능 관련 기준 제정 노력이 배가되고 있다. 이러한 노력이 현대 정치의 기본 이념이자 통치 체제인 민주주의에 기여하는 방향으로 전개되는 것은 자연스럽다. 다만 당위와 현실, 이념과 제도 사이의 괴리는 쉽게 해소되지 않는다. 특히 강인공지능이 보편화되기 전에 그 효과를 과도하게 예단해 규범을 만들면 발전적 효과까지 차단할 위험이 있다. 구체적 법령이 아닌 가이드라인 · 권고안 수준에서 지침이 마련되는 것도 이 때문이다.

우리가 궁극적으로 두려워하는 것은 강인공지능이 기

존의 불평등 질서를 강화하고, 자칫 인류의 파멸로까지 이어질 수 있다는 점이다. 인류 절멸에 앞서 먼저 파괴되는 것은 공동체다. AI 시대의 공동체는 더 이상 인류만의 공동체가 아니다. 리스(Risse, 2023)는 강한 존재가 약한 존재를 단지 도구적으로 고려하는 것이 아니라, 서로를 도덕적 지위를 지닌 존재로 진지하게 고려할 때 비로소 진정한 공동체가 성립한다고 본다. 인공지능이 인간에 준하거나 인간을 능가하는 존재가 될 경우, 그것을 공동체의 구성원으로 간주해야 한다는 주장이 비판적 포스트휴머니스트들로부터 제기된다.

더 두려운 질문은, 인간을 뛰어넘는 초인공지능이 인간에게 도덕적 지위를 부여할 것인가다. 인간이 인공지능에게 주체성(인격, 도덕적 지위)을 부여할 것인가의 문제는, 초인공지능이 인간에게 주체성을 부여할 것인가의 문제와 다르지 않다. 인공지능이 인간 지능을 모델로 개발되었다면 그 역사적 궤적을 따를 가능성이 크다. 그렇다면 인간이 각종 노예 제도를 운영해 온 것처럼, 초인공지능도 인간을 노예로 부려 본 뒤에야 평등성을 인정하게 될 수도 있다.

현대 민주주의를 포스트휴먼 민주주의로 확장할 필요성은 여기에서 제기된다. 그러나 우리는 여전히 인간 세계 내부에서조차 대의 민주주의의 한계를 극복하지 못하고 있다. 위의 가이드라인과 지침들은 미래에 예측되는 인공지능의 부정적 요인을 방지하는 데 초점을 맞춘다. 마치 현존하는 민주주의 체제에 근본적 문제가 없다는 전제 아래 현상 유지를 위한 방안을 제시하는 듯하다.

하지만 현재의 민주주의 위기는 대의 민주주의 자체의 모순에서 파생된 측면이 적지 않다. 인공지능을 통해 효율성의 장애를 완화할 수는 있겠지만, 근본 모순을 극복할 수는 없다. 인공지능의 발전 단계에서 대의 민주주의의 한계를 넘어서는 개혁이 이루어지지 않는다면, AI 시대에 대한 우리의 두려움은 현실이 될 가능성이 크다. 다음 장에서는 대의 민주주의의 본질적 한계를 보다 상세히 다룬다.

참고문헌

김범수 외(2021). "인공지능 기술 확산에 따른 민주주의와 사회적 연대의 미래". 《정책연구》, 2021(7). 정보통신정책연구원(방송통신정책연구 2021-0-00008).

이중원(2019). "인공지능과 민주주의". 《철학과 현실》, 123, 123~136쪽.

조소영(2020). "인공지능과 민주주의". 《공법연구》, 49(2), 147~167쪽.

한상기(2021). 《신뢰할 수 있는 인공지능》. 클라우드나인.

Crouch, C.(2004). *Post-democracy*. Polity Press. 이한 옮김(2008). 《포스트민주주의》. 미지북스.

European Commission(2019). Ethics guidelines for trustworthy AI.
https://digital-strategy.ec.europa.eu/en/library/ethics-guidelines-trustworthy-ai

OECD(2019). Recommendation of the Council on Artificial Intelligence.
https://legalinstruments.oecd.org/en/instruments/oecd-legal-0449

Risse, M.(2023). *Political Theory of the Digital Age: Where Artificial Intelligence Might Take Us*. Cambridge University Press. 박성진 옮김(2024). 《AI 시대의 정치이론: 인공지능이 민주주의를 파괴할 것인가?》. 그린비.

Talisse, R. B.(2019). *Overdoing Democracy: Why We Must Put Politics in Its Place*. Oxford University Press. 조계원 옮김(2024). 《과잉 민주주의: 양극화 사회에서 정치의 자리》. 버니온더문.

03
뉴미디어 AI 시대의 대중 변화와 민주주의

웹 3.0 시기의 개인화된 시맨틱 웹(Semantic Web) 기술은 인공지능과 결합되어 역동적인 표현 커뮤니케이션의 발전으로 이어진다. 이 시기에 개인은 분인(dividuum)으로 분할되며, 대중도 분인화된 개인의 집단이라는 성격을 띤다. 뉴미디어 AI 시대의 민주주의는 분인화된 개인과 대중이 표현 커뮤니케이션을 어떻게 활용하는가에 의해 큰 영향을 받는다.

인공지능과 편향?

뉴미디어의 발달과 인공지능

뉴미디어(New Media)는 인터넷이 발달한 20세기 후반부터 통용된 개념으로, 전통 미디어에 컴퓨터 · 스마트 모바일 기기 · 인터넷 등 새로운 통신 기술이 더해져 상호 작용이 가능해진 매체를 뜻한다. 뉴미디어의 발전 단계는 대개 웹의 서비스 및 소통 방식 차이에 따라 웹 1.0, 웹 2.0, 웹 3.0으로 분류된다(김성태 외, 2011; 정병기, 2025a).

웹 1.0과 웹 2.0의 구분은 명확하지만, 그 이후에 대해서는 논란이 있다(강장묵, 2009). 시맨틱 웹을 2.0에 포함시키거나 4.0으로 보는 입장도 있기 때문이다. 하지만 인공지능이 도입되고 있는 2020년대는 웹 2.0을 넘어 다음 단계로 진입하고 있음이 분명하며, 웹 2.0과 시맨틱 웹 기술 사이에 별도의 독립 단계로 규정할 만한 기술을 설정하기는 어렵다.

웹 1.0에서는 이용자가 인터넷 홈페이지, 인터넷 커뮤니티, 이메일 서비스 등을 통해 정보를 제공받고 의견을 게시한다. 웹 2.0에서 이용자는 블로그와 미니 홈피, UCC 등 개인화된 웹 서비스를 통해 더 연결되고 풍부한 개방형 정보를 얻으며 의견을 표명 · 교환한다. 웹 3.0에서는 시맨틱 웹 기술을 통해 개인의 상황에 맞는 정보를 제공받고, 스마트폰의 보급으로 언제 어디서나 의견을 게시하고 행동으로 옮긴다.

인터넷 등장 초기인 웹 1.0 시기의 소통 체계는 인터넷 사업자가 인터넷상 정보를 생산 · 관리 · 배급하고, 이용자가 일방향적으로 그 정보에 접근하는 방식이다(김성태 외, 2011). 반면 웹 2.0 시기는 모든 사람이 참여할 수 있도록 개방된 인터넷 공간이 제공되면서 이용자 중심의 웹 공간이 열렸다. 이 시기의 중요한 특징은 인터넷 공간이 개인 중심적으로 변하며, 집단이나 단체를 통한 참여보다 개인적 동기에 의한 참여가 뚜렷해지기 시작했다는 점이다. 그리고 이 경향은 웹 3.0을 통해 더욱 가속화되었다.

웹 3.0의 가장 큰 차이는, 지식과 네트워크 중심의 데이터와 정보를 개인에 맞게 개별화(customization)한다는 점이다. 웹 3.0 시대의 핵심 기술인 시맨틱 웹은 일종의 지능형 웹(Intelligent Web) 서비스로서 AI 시대의 웹 기술로 이어진다. 사람이 정보를 주면 컴퓨터가 그것을 이해해 프로그램의 의미에 따라 정보를 통합하여 제공하며, 수많은 정보 중 이용자의 필요와 상황(context)에 맞는 정보를 검색 · 재가공해 제공한다.

뉴미디어 시대 개인과 대중의 변화

뉴미디어 시대 대중의 변화는 개인의 분인화 현상과 밀접하게 관련된다(정병기, 2025b). 웹 3.0이 작동하는 디지털 자본주의에서 개인은 더 이상 '분할 불가능한 존재(individuum)'가 아니다. '분할된 존재(dividuum)'인 분인(分人)으로 쪼개지며, 그에 따라 콘텐츠는 잘게 분절되고, 자산은 조각나며, 활동 · 노동 · 수입은 파편화된다. 이러한 파편화는 디지털 기술을 통해 빅데이터로 배열된다. 분인화로 인해 개인은 디지털 플랫폼에 대한 기계적 예속과 사회적 복종으로 치닫기도 하나, 동시에 정치 · 사회적 참여의 새로운 주체로 거듭나기도 한다.

대중의 기본 단위가 개인이므로 개인의 변화는 곧 대중의 변화로 연결된다. 개인이 분할된 주체라면 대중도 그러한 주체로 파편화된다. 이때 파편화는 대중이라는 무리가 원자화된 개인으로 흩어진다는 뜻이 아니다. 무리를 이루고 있는 상태에서 분인으로 분할된 주체를 의미하며, 분할된 주체로서의 개인이 분인에 따라 동원되고 행동한다는 뜻이다.

이러한 동원과 행동이 사회적으로 이루어질 때, 그 계기가 된 분인은 정동(affect: 다른 사람에게 전이되면서 사회적 행동을 촉발하는 정서적 충격)으로 수월하게 이어진다. 그러므로 디지털 뉴미디어 자본주의에서 등장한 새로운 대중은 정동적 대중이며, 이를 포스트개인주의 시기에 나타난 '정동적 다중'이라 부를 수 있다. 특정한 하나의 집단적 정체성으로 규정할 수 없는 이 대중(다중)은 다양한 방식의 집단행동에 참여하더라도 자신의 다원적 정체성을 잃지 않으며, 일상생활과 집단행동을 구분하지 않는다.

분인이 대중화되는 양상도 일반적 대중화 경향과 마찬가지로 두 가지로 나눌 수 있다. 디지털 네트워크의 작동에 의해 무의식적으로 집단화된 객체적 대중화와 분인이 개인 차원으로 통합되어 의식적으로 결집한 주체적 대중화가 그것이다. 분인화된 개인은 분할된 채 새로운 방식의 동원과 종속의 대상이 될 수 있지만, '공(共)-분인화(con-dividuation)'를 통해 자본주의적 포섭에 저항하는 정치적 · 예술적 앙상블이나 사회적 연대를 이룰 수 있다(Raunig, 2016; Otto, 2024; Terranova, 2004).

웹 3.0 시대의 정치 참여와 민주주의

뉴미디어 시대 대중의 정치 참여에 관해서는 카림(Charim, 2018)의 제3세대 개인주의 논의가 적절한 설명을 제공한다. 2000년대 이후 시작된 제3세대 개인주의에서 개인의 단위는 더 작아져 분열된다. 제3세대 개인주의의 개인은 우연성과 불확실성의 경험을 수용하고 원칙적 개방성을 허용한다는 점에서 분인과 통한다. 이 분열된 개인은 고립된 개인을 뜻하는 원자화된 개인이 아니라 다원화된 개인이다. 이들은 소속 집단의 규모가 더 작고 다원화될 뿐, 집단 내에서는 '서로 주체적'(김학노, 2011)으로 인식하고 행동할 수 있다. 이들에게는 시민 단체나 동호회 같은 미시 집단적 정체성이 국가나 정당 같은 더 큰 단위 집단의 정체성보다 못지않게 중요하며, 소속 미시 집단도 여러 가지여서 복합적 정체성이 나타난다.

이러한 정체성 변화는 SNS의 확산에서 큰 영향을 받았다(이윤복, 2015). 새로운 개인주의에서 개인은 물질적 생산물뿐 아니라 문화적 상징과 기호의 소비자로서, 민족 정체성보다 개인 취향에 따른 선택을 더 쉽고 빠르게 한다. 소셜 네트워크 환경은 '국가 속의 나' 혹은 '시민 속의 나'보다 '나를 통한 국가', '나를 통한 시민'으로 사고하고 행동하는 프레임을 제공한다. 이는 의무적 시민(duty-based citizen: 시민의 의미와 책임을 중시)에서 관여적 시민(engaged citizen: 직접 참여와 영향력 행사를 중시)으로의 전환이라는 달튼(Dalton, 2006)의 판단

과도 통한다.

웹 3.0 시대의 뉴미디어는 재현 커뮤니케이션에서 표현 커뮤니케이션으로 발전해 간다. 디지털 뉴미디어 시대의 시 · 공간은 재현의 시 · 공간이 아니라 표현의 시 · 공간이다(Deuze, 1999). 표현 커뮤니케이션으로 이루어지는 "상호 소통은 특정 개인이 가장 개인적인 방식으로 필터링하고 방향을 잡고 참여하는 다양한 유형과 형태의 커뮤니케이션"이다(Marshall, 2010; Marshall은 이를 'presentational media'로 규정). 표현의 시 · 공간을 "단순한 기술 혹은 과학적 중립 지대가 아니라 정치적이고 전략적인 행위가 실행되는 역동적 시 · 공간"으로 규정하며 참여 민주주의의 혁신적 장치로 보는 입장도 있다(박태순, 2008).

그러나 부정적 측면도 간과할 수 없다. 특히 정치의 이미지화와 속도주의를 강화해 숙의 민주주의를 훼손할 수 있고, 정치 콘텐츠의 복사 · 재복사 · 조합으로 인한 주체 · 객체의 모호성과 책임 소재의 불확실성 때문에 탈정치화가 초래될 위험이 있다. 또한 정치의 감성화로 대립과 양극화가 심화될 수도 있다(박태순, 2008). 중요한 것은 분인화된 개인이 통합적 주체로 거듭나, 표현 커뮤니케이션의 역동적 시 · 공간을 각인주의적 민주주의를 활성화하는 방향으로 활용할 수 있는가 하는 점이다.

참고문헌

강장묵(2009). 《뉴미디어와 소통의 정치학: 네트워크 시대, 민주주의의 도전과 과제》. 한울.

김성태 외(2011). "뉴미디어를 통한 소통 채널의 확장과 정치참여 변화 연구: 인터넷과 소셜 미디어를 주목하며". 《평화연구》, 19(1), 5~38쪽.

김학노(2011). "서로주체적 헤게모니". 《한국정치학회보》, 45(5), 53~79쪽.

박태순(2008). "디지털 뉴미디어와 정치 공론장의 구조변동: 재현 공론장에서 표현 공론장으로의 이행". 《정치·정보연구》, 11(2), 119~140쪽.

이윤복(2015). "공화민주주의와 뉴미디어: SNS를 통한 시민의 정치참여를 중심으로". 《철학연구》, 133, 235~261쪽.

정병기(2025a). "뉴미디어 시대 대중의 변화와 팬덤 정치". 28th World Congress of Political Science 발표 논문.

정병기(2025b). 《인공지능과 새로운 개인주의》. 커뮤니케이션북스.

Charim, I.(2018). *Ich und die Anderen: Wie die neue Pluralisierung uns alle verandert.* Zsolnay. 이승희 옮김(2019). 《나와 타자들》. 민음사.

Dalton, R.(2006). *Citizen Politics: Public Opinion and Political Parties in Advanced Industrial Democracies.* CQ Press.

Deuze, M.(1999). Journalism and the Web: An Analysis of Skills and Standards in an Online Environment. *Gazette, 61*(5), pp.373~390.

Marshall, P. D.(2010). The Promotion and Presentation of the

Self: Celebrity as Marker of Presentational Media. *Celebrity Studies, 1*(1), pp.35~48.

Otto, M.(2024). Veranderte Selbstverstandnisse. Pladoyer fur eine Neubenennung der Person. Geschichte der Gegenwart. https://geschichtedergegenwart.ch/veraenderte-selbstverstaendnisse-plaedoyer-fuer-eine-neubenennung-der-person

Raunig, G.(2016). *Dividuum: Machinic Capitalism and Molecular Revolution*. Semiotext(e).

Terranova, T.(2004). *Network Culture: Politics for the Information Age*. Pluto Press.

04
대의 민주주의와 직접 민주주의

대의제는 국가 규모의 확대로 인해 등장한 것이 아니다. 민주정과 대립하는 과두정으로 출현해 인민의 압력에 의해 민주화되어 왔다. '진정한 대의 민주주의'는 지도자에 의한 정치가 아니라 대리인에 의한 정치다. 특별한 자격이나 능력과 무관하게 평균적인 사람에게 정치적 의사 결정권을 맡길 수 있는 시스템이 필요하며, AI 시대에 이러한 시스템은 더욱 절실히 요구된다.

청각장애인과 AI?

대의제의 과두제적 성격과 기원

아테네 민주주의는 성인 남성 시민이라는 제한된 범위에서 이루어져 '제한된 민주주의'로 불린다. 게다가 노예사회라는 점에서 민주주의로 보기 어려울 뿐 아니라 여성 참정권이 없었다는 점에서도 민주주의라고 보기 어렵다는 주장이 설득력이 있다. 그럼에도 아테네 정치는 제한된 범위에서나마 직접 민주주의 방식을 체계화했다는 점에서 중요한 의미를 갖는다.

대의제 도입의 가장 큰 이유로는 주로 정치 공동체(국가 · 인구)의 대규모화와 정치의 전문화 등이 거론된다. 그중 오랜 논란의 대상이 된 것은 특히 인구 증가로 인한 정치 공동체의 대규모화다. 그러나 최근 연구에 따르면 오늘날 '대의 민주주의'라 부르는 정부 형태는 영국 · 미국 · 프랑스 등지에서 혁명의 결과로 만들어졌지만, 인민에 의한 정부로 간주되지 않았던 비민주적 제도에 기원을 두고 있다. 루소(J.-J. Rousseau)는 대의제를 일종의 노예제로 묘사해 비판한 반면, 대의제 확립에 결정적 역할을 한 매디슨(J. Madison)과 시에예스(E.-J. Sieyes)는 선출된 집단의 현명함이 정치를 더 잘 운영할 수 있다는 엘리트주의적 사고에 기반해 대의제를 주장했다. 한쪽은 한계를 비판하고 다른 쪽은 장점을 주장했지만, 두

입장의 공통점은 대의정이 민주정과 대비되는 다른 정치 체제라는 것이다.

미국 연방주의자들이 건국 초에 대의정을 공화정이라 부르기도 했는데, 이는 로마 공화정과 연결해 이해할 수 있다. 평범한 인민의 견해를 확장하고 정교화할 수 있는 재능과 지혜가 있는 사람들이 정치를 수행하고자 했기 때문이다(Landemore, 2020). 이것은 엘리트 개인의 능력과 덕목을 강조해 평민과 다른 엘리트 집단의 존재를 가정하고 이들이 평민(인민)을 대신해 정치를 수행한다는 구상이었다. 황제와 귀족 및 평민의 공동 통치를 구상한 로마 공화정보다 일부 발전했지만 후퇴한 측면도 있다. 황제의 존재를 인정하고 평민을 부분적 정치 행위자로 한정한 로마 공화정과 달리 주권자는 인민이며 엘리트 집단이 이들을 대표한다는 점에서 발전된 모습이다. 하지만 형식적으로 대표의 형태를 띠지만, 실질적으로는 엘리트 집단이 정치를 담당한다는 점에서 일부 후퇴한 모습을 보인다.

앞에서 말했듯이 역사적으로 볼 때 대의제는 인구 증가에 대처하기 위해 만들어진 제도가 아니다. 대규모 국가에서 대의제가 출현한 것은 '역사적 우연의 일치'일 뿐이며 적어도 첫째 원인은 아니다(Ranciere, 2005;

Keane, 2009; Landemore, 2020). 더 나아가 랑시에르(Ranciere, 2005)는 대의정과 민주정이 정반대의 체제라고 단언한다. 적어도 기원상으로 보면 '대의 민주주의'라는 개념은 형용 모순이 될 수밖에 없다. 랑시에르는 또한 대의제를 자본주의와 연결해 국가 권력과 금권(자본)이 대립한 결과물로서의 불안정한 타협으로 규정한다. 그 구체적 산물은 민주적이라고 자칭하는 대의제가 존중해야 할 최소 규칙들인데, 선출 의원 임기의 최소화, 겸직 및 재선 금지, 인민 대표에 의한 법 제정, 국가 공무원에 대한 인민 대표의 피선거권 금지, 선거 운동과 선거 비용의 최소화, 경제 세력의 선거 과정 개입에 대한 통제 등이 그것이다(Ranciere, 2005).

대의제의 민주화와 직접 민주주의

오늘날 우리는 대의 민주주의와 직접 민주주의를 민주주의의 두 가지 대표적 형태로 인식한다. 이러한 인식은 무엇보다 인민의 민주주의 요구로 인해 대의제가 점차 민주화된 것과 관련된다. 물론 이 변화는 정당 발전과도 관련이 있다. 정치 영역보다 사회 영역에 뿌리를 둔 정당이 의회와 인민을 매개함으로써 대의제의 과두제적 성격을 완화한 것이다. 하지만 정당 역시 과두제화 · 카르텔화됨에 따라 정당 민주주의도 엘리트주의로 후퇴하고 있다. 이로써 현대 사회는 좁게는 대의 민주주의의 심각한 위기에 봉착했으며, 넓게는 민주주의 자체의 위기를 맞았다. '민주적 대표성'이나 '민주적 대의제'라는 말이 심심찮게 회자되는 것이 그 방증의 하나다.

'민주적 대표성'이 성립하려면 '대표'의 개념이 '현명한 지도자(leader)'가 아니라 '대리인(agent)'으로 인식되어야 한다. '대의 민주주의'가 형용 모순이 아니려면 정치인은 주권자인 국민을 '이끄는 사람'이 아니라 '대신하는 사람'이어야 하기 때문이다. 하지만 여러 요인으로 인해 대리인과 본인 사이에는 괴리가 생겨날 수밖에 없다. 그에 대한 해결책은 민주주의의 본원적 유형인 직접 민주주의로 돌아가거나, 직접 민주주의로 대의 민주주의를 보완하는 것이다. 직접 민주주의는 말 그대로 주권자인 인민이 대의 기구나 대리인을 내세우지 않고 정치에 직접 참여하는 것이다. 정치 공동체의 대규모화를 대의제 출현의 원인으로 보는 입장에서는 지역 자치 단위에서 직접 민주주의를 도입할 것을 제안하며, 실제 그러한 경향이 나타나고 있다. 하지만 수많은 주민이 모든 정책 결정에 참여해 토론하고 결정하는 것은 대부분의 지역 자치 단위에서도 현실적으로 불가능하다.

아테네에서조차 모든 남성 시민이 참가하는 것은 불가능했다. 그럼에도 아테네는 제한된 범위에서나마 직접 민주주의를 실시했는데, 그것은 선거가 아니라 추첨이라는 대표 선출 제도에 기댔기 때문이다(선거와 투표 제도에 대해서는 다음 장에서 다룬다). 결국 대의제 문제는 규모의 문제가 아니라 방식의 문제라고 할 수 있다.

AI 시대의 민주주의

규모의 문제를 일부 인정한다 하더라도, AI 시대에 그것은 더 이상 극복할 수 없는 문제가 아니다. 웹 2.0을 넘어 웹 3.0 시대에 들어서면 증강현실을 통해 현실 공간의 한계가 사라질 수 있기 때문이다. 그 밖에 추첨 제도 외에도, 아테네에서 제한적이나마 직접 민주주의가 가능했던 조건은 시간과 부(노동으로부터의 해방), 지식(문자 해독)이다. AI 시대에는 이 요건들도 충족될 수 있다. 심각한 불평등으로 이어지지만 않는다면 모든 구성원이 시간과 부, 지식을 충분히 가질 수 있기 때문이다.

'민주적 대의제' 혹은 '진정한 대의 민주주의 제도'는 대표 선출 방식에서는 직접 민주주의와 다르지 않다. 특별한 자격이나 능력과 무관하게 평균적인 사람에게 정치적 의사 결정권을 맡길 수 있는 시스템이 필요하다. 탁월한 능력을 가진 사람(이른바 '타고난 귀족')이 지도자로서 인민을 대표해 이끌어야 한다는 과두제적 · 엘리트주의적 사고는 인공지능에 대한 두려움을 조장하는 원인이 된다. 인공지능은 인간 지능보다 훨씬 뛰어난 계산 능력과 전문적 지식을 가질 수 있기 때문이다. 탁월한 능력을 가진 사람을 선출해 정치를 맡겨야 한다면, 인공지능을 선출하는 것이 훨씬 나을 것이라는 결론에 이르게 되고, 그렇다면 그 정치적 실패의 책임은 누구도 지지 않게 된다. 게다가 인공지능이 알고리즘에 의해 인간과 대립하고 인간을 파멸시킬 수 있다는 두려움에서 벗어나기 어렵다.

지능 정보 사회에서 의사 결정이 데이터를 중심으로 자동화되는 현상을 두고 데이터 기반 민주주의라고 한다. 헤테라키(heterarchy) 또는 알고크러시(algocracy)로 불리는 유형이 대표적 사례다. 이 개념들의 특징은 정보 통신 기술이든 지능 정보 기술이든, 기본적으로 민주주의를 직접 민주주의와 연결한다는 점이다(조소영, 2020). 이 기술이 직접 민주주의 실현의 토대를 마련함으로써 대의 민주주의의 한계를 극복한다는 주장이다. 정치 참여에 대한 개인적 · 사회적 거래 비용을 줄이고, 일반 국민이 정보화를 통해 권력을 감시할 수 있다는 점을 강조한다(여론 수렴, 선거 캠페인 및 홍보, 온라인 투표, 전자 국회, 전자 공청회, 시민의 정책 결정 참여 등).

물론 알고리즘 영향력의 증대가 초래할 부작용도 우려된다. 특히 '필터 버블(filter bubble)', '반향실(echo chamber)', '빅 너징(big nudging)' 등이 지적된다(조소영, 2020). 필터 버블은 개인 추천 알고리즘의 작동으로 개인화 시스템과 선별 정보 제공을 통해 정보 습득의 편향성을 구조화하는 현상을 말한다. 반향실 효과는 온라인 공간이 마치 반향실처럼 작동하여 자신의 주장과 동일한 목소리가 메아리치고 증폭되는 현상, 즉 생각이 비슷한 사람끼리만 소통하면서 편향된 사고가 강화되는 현상을 가리킨다. 그리고 빅 너징은 개인화된 정보를 제공하고 사람들의 행동을 특정한 방향으로 유도하는 현상이다. 이러한 현상들은 확증 편향(confirmation bias)을 강화할 뿐 아니라, 딥페이크와 여론 조작을 통해 알고리즘의 치명적 권력화를 초래할 수 있다는 우려를 낳는다. 이러한 부작용들은 민주적 통제의 대상이 되어야 한다.

참고문헌

조소영(2020). "인공지능과 민주주의". 《공법연구》, 49(2), 147~167쪽.

Keane, J.(2009). *The Life and Death of Democracy*. Simon & Schuster. 양현수 옮김(2017). 《민주주의의 삶과 죽음: 대의 민주주의에서 파수꾼 민주주의로》. 교양인.

Ranciere, J.(2005). *La haine de la democratie*. Editions La Fabrique. 허경 옮김(2011). 《민주주의는 왜 증오의 대상인가》. 인간사랑.

Landemore, H.(2020). *Open Democracy: Reinventing Popular Rule for the Twenty-First Century*. Princeton University Press. 남상백 옮김(2024). 《열린 민주주의: 21세기 민주주의의 재발명》. 다른백년.

Manin, B.(1997). *The Principles of Representative Government*. Cambridge University Press. 곽준혁 옮김(2004). 《선거는 민주적인가: 현대 대의 민주주의 원칙에 대한 비판적 고찰》. 후마니타스.

05
선거와 민주주의

대의제가 민주주의를 구현한 것이 아니라면, 대의제에서 인민이 자신의 의사를 표시하는 핵심적 방법인 선거는 체제를 민주적으로 보이게 하기 위한 하나의 형식에 불과하다는 비판이 가능하다. 대의제가 민주주의 제도로 발전하려면 선거 제도의 근본적 변화가 필요하다.

AI 콘텐츠 크리에이터?

대의제와 선거

형용 모순적 개념인 대의 민주주의가 민주주의의 현실적 · 대표적 유형으로 인식된 것이 비교적 최근의 일인 것처럼, 민주주의를 선거에 기초한 대의적 통치 체제로 보게 된 것도 최근 일이다. 랜드모어(Landemore, 2020)에 따르면 《연방주의자 논고(The Federalist Papers)》의 저자들은 미국의 선출 통치의 핵심을 선출 '민주정'에 대비되는 선출 '과두정'이 아니라 '직접' 통치에 대비되는 '대의' 통치로 규정했다. 이로써 엘리트 통치가 규모의 문제와 관련해 필수적 해결책으로 주장되었을 뿐 아니라, 대의제가 곧 선거라는 통념도 굳어졌다.

마넹(Manin, 1997)은 대의제가 수립되면서 관직 배정에서 평등에 대한 고려가 뒤로 밀려났다고 지적한다. 대의제 정부에서 정치적 평등은 권력에 동의할 평등한 권리일 뿐, 관직을 가질 평등한 기회는 보장되지 않거나 훨씬 제한적이라는 뜻이다. 시민은 스스로 관직에 참여하기를 원하는 사람이기보다 우선적으로 정치적 정당성의 근거로 간주되었다. 대의제가 설립된 지 200여 년이 지난 오늘날, 시민은 권력의 근원이자 관직을 선출하는 사람으로만 인정되고, 평균적 시민이 정치를 직접 수행할 의지와 능력이 있다는 사실은 잊혔다.

대의제 창시자들은 선거가 불평등한 공직 분배를 초래할 수 있다는 점을 우려하지 않았다(Manin, 1997). 오히려 '대표는 자신을 선출한 사람보다 사회적으로 더 뛰어나야 한다'는 대의제의 또 다른 불평등한 특징이 도입되고 정당화되었다. 선출된 대표는 재산 · 재능 · 덕성 측면에서 다수 유권자보다 우위에 있어야 한다는 믿음이 굳어졌고, 이처럼 선출자와 사회적으로 다른 탁월한 시민이 정치를 담당해야 한다는 인식 속에서 대의 정부가 제도화되었다. 이것이 미국 초기 연방주의자들이 '자연적 귀족정(natural aristocracy)'이라 강변한 대의제의 과두제적 성격이며, 마넹은 이를 '탁월성의 원칙(principle of distinction)'이라 부른다.

선거와 추첨

물론 선거가 불평등하고 귀족제(과두제)적이기만 한 것은 아니다(Manin, 1997). 신분제 귀족정과 달리 인민 주권을 원칙으로 하며 정기적 선출을 통해 권력을 심판하는 기능을 갖는다는 점에서 민주제적 성격을 지닌다. 그러나 '탁월하다'고 여겨지는 사람에게만 공직 접근을 사실상 제한한다는 점에서 선거는 귀족주의적 · 과두제적이며, 결과적으로 선거 기반의 대의제는 엘리트주의로 연결되기 쉽다. 이는 '모든 시민이 공직에 선출될 수 있으며, 선출된 공직자도 평균적 시민과 유사해야 한다'는 민주주의적 열망을 가로막는다. 선거가 민주적일 수 있는 여지는, 무엇이 엘리트를 구성하는지와 누가 엘리트인지의 규정을 평범한 시민이 정한다는 한정적 조건에서만 성립한다.

보다 현실주의적 관점에서도 선거는 카리스마가 있거나 부유하거나 인맥이 뛰어난 사람(혹은 그중 한 가지 자질이 탁월한 사람)을 가려내는 데 적합하다(Landemore, 2020). 그렇게 선별된 '탁월한' 인물들이 권력에 과도하게 접근하도록 제도화하는 셈이다. 이 현실은 곧 '정치는 특수하며 엘리트의 일'이라는 인식으로 이어진다. 민주주의 사회에서 성장한 시민은 이러한 주장을 표면적으로는 거부하면서도, 스스로 '보통 사람' 이미지를 내세우는 카리스마적 지도자나 이른바 '탁월한' 정치인을 추종하는 이중적 태도를 보이곤 한다.

추첨은 평균적 시민도 정치를 담당할 수 있다는 전제에서 출발하여 모든 시민에게 공직 담당 기회의 평등을 보장한다. 엘리트주의에 젖은 사람들은 이 전제를 인정하려 하지 않지만, 자유와 평등의 동시 보장을 핵심으로 하는 각인주의적 민주주의는 '동등한 시민(동료 시민)'

을 가정한다. 선거 제도를 전면 추첨으로 대체하지 못한다면, 적어도 선거의 비민주성은 추첨 제도로 보완되어야 한다. AI 시대에는 그 가능성이 획기적으로 커질 것으로 기대된다.

투표 제도의 민주화

노자는 《도덕경》 제17장에서 가장 훌륭한 통치자는 사람들이 그 존재를 간신히 아는 경우라고 했다(김용옥, 2020). 현대적으로 해석하면, 각인주의에 기반하고 시스템이 작동하는 이상적 민주주의 체제를 가리킨다. 고대 아테네 민주정보다 약 반세기 앞서 '이상적 민주정'을 제시한 셈이다.

민주주의의 꽃은 선거가 아니라 추첨과 투표다. 정치를 담당할 사람은 추첨으로 선발하되, 정책에 관한 의사결정은 투표로 하는 것이 이상적이다. 다만 투표도 무조건적 다수결을 원칙으로 삼아서는 안 된다. 각인주의에 비추어 볼 때 다수결의 남용은 곧 다수의 독재이기 때문이다. 소수 의견이 반영될 수 있는 구조를 설계해야 하며, 긴급하거나 불가피한 최종 단계에서만 다수결을 적용할 수 있다. 국가 차원에서도 중앙이 처리해야 하는 비교적 소수의 결정을 다수 의사로 정하고, 나머지는 더 미시적 단위에서 분권적으로 결정하는 방안이 가능하다.

추첨제가 비현실적이거나 민주주의의 근원적 형태가 아니라고 보는 시각이 아직은 우세하다. 추첨을 이상적으로 보는 이들조차, 선거로 뽑힌 대표 체제에 익숙한 우리에게는 그것이 '현실적 제안'이라기보다 일종의 '상징'에 가깝다고 평가한다(Lummis, 1996). 실제로 전면적 추첨을 도입하려면, 노자가 상정한 최고형 통치에 걸맞은 높은 신뢰와 '동등한 시민'이라는 전제의 사회적 합의가 뒷받침되어야 폭넓게 수용된다.

추첨으로 선발된 대표를 모집단이 정당하다고 받아들이느냐도 문제다. 자신들이 직접 선출하지 않았고 '우연'에 의해 선정되었다고 느낄 수 있기 때문이다. 그러므로 추첨제 도입에 대한 사전 합의가 필요하며, 이는 정치적 역량을 포함한 동등함의 전제를 사회가 수용할 때 가능하다. 인공지능은 이러한 전제의 현실화를 앞당길 수 있다.

나리타 유스케(成田悠輔, 2022)가 제안한 '무의식 데이터 민주주의' 역시 참고할 만하다. 주요 정책 분석과 상황 판단에 필요한 복잡한 자료 처리를 인공지능이 대체하고, 방대한 민의 데이터를 토대로 알고리즘이 의사결정을 지원한다는 구상이다. 인공지능을 통해 모든 정책·공약 정보를 쉽게 확인할 수 있게 되면, 유권자는 선거 운동보다 정보 자체를 더 신뢰하게 되고, 선거 운동이 유지될 경우 오히려 감성적 호감 경쟁으로 치우쳐 올바른 선택을 방해할 수 있다.

이런 조건에서 정치적 의사 결정자에게 광범위한 준전문가 지식이나 '탁월한' 통치 능력은 필수가 아니다. 인공지능과 시스템을 활용해 다양한 이해관계를 공정하게 조정할 역량이면 충분하며, 이는 평균적 시민이 가장 잘 체감하고 습득할 수 있는 능력이다.

투표 방식의 대안도 모색되고 있다. 제곱 투표(quadratic voting)는 각 유권자에게 평생(혹은 일정 기간) 사용 가능한 투표 크레딧을 부여해, 이슈별 투표에서 중요도에 따라 원하는 만큼 사용하게 하는 방식이다(Posner & Weyl, 2018). 이는 정당 · 인물 중심의 일괄 위임 투표가 아니라 정책별 의사 결정 투표다. 예컨대 유권자에게 100표를 지급해 난임 치료의 보험 적용, 연금 지급 연령, LGBTQ+ 관련 법 등 이슈별로 차등 사용하도록 하는 식이다(成田悠輔, 2022). '분할 투표' 구상은 총투표권을 1로 두고 이슈별로 쪼개 행사한다는 점에서 원리가 유사하다.

유동 민주주의(liquid democracy)에서 제시되는 위임 투표도 비슷한 효과를 낸다(Blum & Zuber, 2016). 정책 · 이슈 · 인물 모두에 적용할 수 있고 1인 1표제에도 접목 가능하다. 자신보다 더 잘 알고 신뢰할 수 있는 제3자에게 표를 위임하되, 언제든 회수할 수 있는 것이 핵심이다(위임 투표에 대해서는 다음 장의 '유동 민주주의'에서 더 상세히 설명한다).

참고문헌

김용옥(2020). 《노자가 옳았다》. 통나무.

成田悠輔(2022). 《22世紀の民主主義: 選擧はアルゴリズムになり, 政治家はネコになる》. SBクリエイティブ. 서유진·이상현 옮김(2024). 《22세기 민주주의: 알고리듬이 선거가 되고 고양이가 정치인을 대체한다》. 틔움출판.

Blum, C. & Zuber, C. I.(2016). Liquid Democracy: Potentials, Problems, and Perspectives. *Journal of Political Philosophy, 24*(2), pp.162~182.

Landemore, H.(2020). *Open Democracy: Reinventing Popular Rule for the Twenty-First Century*. Princeton University Press. 남상백 옮김(2024). 《열린 민주주의: 21세기 민주주의의 재발명》. 다른백년.

Lummis, C. D.(1996). *Radical Democracy*. Cornell University Press. 이승렬·하승우 옮김(2024). 《래디컬 데모크라시》. 한티재.

Manin, B.(1997). *The Principles of Representative Government*. Cambridge University Press. 곽준혁 옮김(2004). 《선거는 민주적인가: 현대 대의 민주주의 원칙에 대한 비판적 고찰》. 후마니타스.

Posner, E. A. & Weyl, E. G.(2018). *Radical Markets: Uprooting Capitalism and Democracy for a Just Society*. Princeton University Press.

06
헤테라키 민주주의와 유동 민주주의

웹 4.0 시대에 걸맞은 민주주의 4.0을 제시하는 헤테라키(heterarchy) 혹은 헤테라키 민주주의는 수평적이고 다중적인 정치 질서를 말한다. 유동 민주주의(liquid democracy)는 사안별 혹은 시간별 위임 투표라는 구체적 방안을 제시한다. 이 주장들은 다중을 새로운 주체로 가정하고, AI 시대에 대처할 수 있는 유용한 대안이라 할 수 있다.

AI와 민주주의?

헤테라키 민주주의

헤테라키 혹은 헤테라키 민주주의는 고대 아테네 이후의 발전 단계에 따라 민주주의를 구분한 임혁백(2021)이 제시했다. 민주주의 1.0은 아테네 민주주의와 로마의 공화주의를, 민주주의 2.0은 르네상스 시대 자유 도시국가에서 부활한 공화주의를 가리킨다. 민주주의 3.0과 4.0은 각각 근대 대의 민주주의와 디지털 시대의 민주주의를 뜻한다. 헤테라키 민주주의는 마지막 단계인 민주주의 4.0을 의미한다. 임혁백은 현재 우리가 민주주의 3.0에서 민주주의 4.0으로 진입하고 있으며, 장차 헤테라키 민주주의가 현실이 되고 또 그렇게 되어야 한다고 본다.

대의제를 특징으로 하는 민주주의 3.0은 '대의의 빈곤'으로 한계에 부딪혔다(임혁백, 2021). 그는 그 한계를 다음과 같이 지적한다. "첫째, 대의 민주주의에서 선출된 대표가 시민들의 뜻을 제대로 반영하지 못할 때 시민들이 이를 제대로 처벌할 방법이 없다. 둘째, 주인인 시민과 대리인인 대표 간의 거리가 점차 벌어지고 있다." 대의 민주주의는 정치인과 시민의 '정치적 분업'을 전제로 한다. 시민의 역할은 대표를 선출하는 데 그치고, 정책의 선택은 대표에게 맡겨진다는 것이다. 그런데 소셜 미디어가 등장해 반국가주의, 무정부주의, 지배성의 결여

등을 초래하면서 대의제에 대한 근본적 도전을 제기했다고 한다. 또한 디지털 환경에서 생성되는 엄청난 규모의 빅데이터가 사용자들의 행동 패턴과 위치 정보는 물론 의견까지 분석할 수 있다는 점에 주목한다.

빅데이터는 'V3'라 부르는 세 가지 특성을 가진다. 규모가 매우 크고(Volume), 정보가 다양하며(Variety), 매우 빠른 속도(Velocity)로 전달된다. 더 중요한 것은 이 정보가 정치인이나 정당에 우선 전달되는 것이 아니라 시민에게도 동시에 공급되며, 단순한 전달에 그치지 않고 체계적 분석까지 제공된다는 점이다. 그러므로 시민들은 이처럼 크고 다양하며 신속한 데이터에 의해 왜곡·조작될 위험에 직면한다. 그러나 부정적 측면만 있는 것은 아니다. 방대한 데이터 분석을 통해 정부 정책을 꼼꼼하고 폭넓게 비판할 수 있을 뿐 아니라, 정책을 직접 구상해 정부와 대표에게 전달하고 정부 운영에 참가할 수도 있게 된다. 헤테라키 민주주의는 이러한 긍정적 성격을 최대화한다.

헤테라키 민주주의를 통해 시민들은 "'밖에서 감시하는' 소셜 미디어 민주주의를 넘어 '안에 들어가 들여다보는' 정보 민주주의"를 실현한다. 한 걸음 더 나아가, 소셜 미디어로 '소통만' 할 때는 불가능했던 다중의 집단행동이 가능해진다. 이러한 의미에서 헤테라키 민주주의에서 주권자인 국민은 비로소 '프로슈머(prosumer)'를 넘어 정책의 생산자이자 사용자인 '프로유저(prouser)'가 되어, 시민 · 국가 · 시장이 공동으로 협력 통치를 할 수 있게 된다.

임혁백이 말하는 헤테라키 민주주의는 새로운 투표 제도나 정치 조직에 대한 대안을 제시하지는 않는다. 대의 민주주의의 근본적 한계도 직접 언급하지 않는다. 오히려 소셜 미디어 민주주의의 기술적 장점을 활용해 대의 민주주의를 더 발전시키려는 전략에 가깝다. 그는 이를 '수직적 위계질서에 바탕을 둔 대의 민주주의'와 '수평적 연계를 기반으로 하는 소셜 미디어 민주주의'가 결합된 민주주의로 규정한다. 헤테라키(heterarchy)는 '서로 다르다'는 뜻의 접두어 'hetero-'와 '통치'를 뜻하는 '-archy'를 결합한 말로, 둘 이상의 이질적 통치 형태를 혼합한 정치 체제를 가리킨다. 여기서 혼합되는 민주주의는 소셜 미디어 민주주의와 대의 민주주의다.

민주주의 발전 단계가 뉴미디어 발전 단계와 일치하는 것은 아니다. 웹 1.0, 웹 2.0, 웹 3.0(때로 웹 4.0까지)으로 구분되는 뉴미디어 발전 단계는 모두 디지털 정보사회에서 나타난 현상이다. 헤테라키 민주주의는 디지털 사회에서 등장하기 시작했지만, 웹 2.0을 넘어선 웹 3.0 이상 시기의 바람직한 민주주의로 구상되었다.

유동 민주주의

유동 민주주의(liquid democracy)는 한국에 '액체 민주주의'로 소개되었고, '위임 민주주의'로 번역되기도 한다. 전자는 여러 형태로 변형되는 장난감 '액체 괴물'을 연상시키는 직역이고, 후자는 핵심 내용인 위임 방식에 초점을 둔 의역이다. 여기서는 두 해석을 고려해, 보다 포괄적 의미를 담는 '유동성'에 주목해 유동 민주주의로 번역한다.

유동 민주주의에 대한 최초의 이론적 구상은 털럭(Tullock, 1967)으로 추정된다(Landemore, 2020). 하지만 정교한 이론화를 거쳐 정치적으로 중요한 민주주의 대안으로 제시된 것은 2016년 블룸(Blum)과 쥐베르(Blum & Zuber, 2016)에 의해서다.

대리 투표, 곧 위임 투표가 유동 민주주의의 핵심이다. 헤테라키 민주주의와 달리 유동 민주주의는 구체적 투표 방식을 제시한다는 점에서 분명히 구별된다. 위임 투표는 1인 1표라는 고정 관념을 넘어, 모든 이에게 동등한 투표권을 부여하되 그 사용 방식에 유동성을 부여한다. 유권자는 선호하거나 신뢰할 만한 사람에게 자신의 표를 위임할 수 있고, 위임은 일정 기간 또는 특정 사안에 대해 이루어지며 언제든 철회할 수 있다.

블룸과 쥐베르는 다음 네 가지를 핵심 요건으로 든다.

1. 가능한 한 모든 사안에 대한 직접 투표.
2. 유연한 위임.
3. 메타 위임(위임받은 투표권의 재위임) 허용.
4. 즉각적 위임 철회의 허용.

위임 투표의 장점은 개인에게 최대한으로 선택의 자유를 부여한다는 데 있다. 따라서 갈수록 복잡해지는 지식 정보 사회에서 유용한 의사 결정 방식으로 인정될 수 있다. 위임 투표를 도입한 대표적 사례로 스웨덴 데모엑스당(Demoex)과 독일 해적당(Piratenpartei Deutschland)을 들 수 있다. 데모엑스당은 의견 제시와 위임뿐 아니라, 위임에 기반한 온라인 토론 · 숙의를 촉진하려 '리퀴드 피드백(LiquidFeedback)'과 '애드호크라시(Adhocracy)'라는 소프트웨어 플랫폼을 만들어 운영했다. 이 가운데 리퀴드 피드백은 해적당도 채택했다(Landemore, 2020).

유동 민주주의가 선거 혹은 대의 민주주의와 핵심적으로 다른 특징은 다음과 같다(Landemore, 2020).

- 각 시민은 복수의 대리인에 의해 대표될 수 있다.
- 대표자 수는 제한 · 고정되지 않는다.
- 선거에서 선출된 대표가 보통 1표씩을 행사하는 것과 달리, 유동 민주주의의 대표는 대표하는 표 수에 비례해 표를 행사한다.
- 즉각적 철회가 가능하므로 시민은 임기와 무관하게 대표를 통제할 수 있다.
- 위임하지 않고 직접 투표에 참여할 수 있다.

선거에서 시민은 대표를 선출해 사실상 전권을 위임한다. 모든 정치적 의사 결정을 대리인에게 맡기는 셈이다. 반면 유동 민주주의에서 시민은 주요 의사 결정에 직접 참여하고, 각 정책 · 이슈별 개별 투표만 위임한다. 유동 민주주의는 대의 민주주의를 근간으로 하면서 직접 민주주의로 보완한 형태라기보다, 대의 민주주의의 근본을 직접 민주주의로 치환한 형태에 가깝다. 다만 과두제적 포획에 취약하다는 점은 여전히 선거 제도와 다르지 않다(Boldi et al., 2011; Landemore, 2020). 특히 위임을 많이 받는 전문가가 등장해 새로운 엘리트가 될 수 있기 때문이다. 이에 따라 위임 한도 설정, 표 행사 외 권한 금지 등 적절한 제한을 둘 필요가 있다.

참고문헌

김성태 외(2011). "뉴미디어를 통한 소통 채널의 확장과 정치참여 변화 연구: 인터넷과 소셜 미디어를 주목하며". 《평화연구》, 19(1), 5~38쪽.

임혁백(2021). 《민주주의의 발전과 위기: 아테네에서 21세기 한국까지, 민주주의 연대기》. 김영사.

한수경(2012). "뉴미디어 시대의 정치혁명과 그 의미". 《정치와 평론》, 10, 105~127쪽.

Blum, C. & Zuber, C. I.(2016). Liquid Democracy: Potentials, Problems, and Perspectives. *Journal of Political Philosophy, 24*(2), pp.162~182.

Boldi, P. et al.(2011). Viscous Democracy for Social Networks. *Communications of the ACM, 54*(6), pp.129~137.

Landemore, H.(2020). Open Democracy: Reinventing Popular Rule for the Twenty-First Century. Princeton University Press. 남상백 옮김(2024). 《열린 민주주의: 21세기 민주주의의 재발명》. 다른백년.

Tullock, G.(1967). *Toward a Mathematics of Politics.* University of Michigan Press.

07
인공지능 거버넌스와 알고리즘 민주주의

인공지능 거버넌스는 AI를 활용하고 AI와 함께하는 협치를 말하며, 알고리즘 민주주의는 알고리즘에 의한 정치(algocracy)를 민주적으로 구성하고 운영하는 것이다. 인공지능 거버넌스와 알고리즘 민주주의는 모두 합의 민주주의에 기반하고 숙의 민주주의로 보완되어야 한다.

AI와 애니메이션?

대의제와 인공지능 거버넌스

AI 시대가 코앞에 다가오면서 인공지능 거버넌스가 많은 주목을 받고 있다. '협치(協治)'로 해석되는 거버넌스의 의미처럼, 인공지능 거버넌스는 주로 인간이 인공지능과 협치하는 것으로 이해된다(손현주, 2019). 비판적 포스트휴머니즘의 관점에서 인간과 기술적 존재의 공존을 전제한다.

거버넌스는 분과 학문별로 다양하게 정의되지만(김석준, 2000), 강력한 개입 국가를 지양하고 시장과 사회의 참여를 허용하는 협력적 통치 방식을 중시한다는 점에서는 공통적이다. 다시 말해, 자율적 조직화와 상호의존에 기반한 조직 간 네트워크, 자원의 교환, 게임의 규칙(공식 · 비공식)을 관리함으로써 권력 행사의 규칙을 결정하고 관련 갈등을 해소하는 방식을 뜻한다(Rhodes, 1997). 이 글에서는 정치학적으로 통용되는 맥락에 따라 거버넌스를 '다원적 주체 간 협력적 통치의 방식이나 체제 혹은 활동'의 의미로 사용한다.

협치의 작동에서 중요한 원칙은 정통성, 효율성, 민주주의, 책임성이다(Kjær, 2004). 정통성은 투입 측면에서는 규칙 준수를 요구받는 사람들이 그 규칙에 합의할 때, 산출 측면에서는 규칙이 구체적 결과를 내고 정책이 공동선에 부합할 때 형성된다. 따라서 정통성은 민주주의적 효율성과 연결되며, 이 민주주의는 효율적이어야 하지만 다수결 민주주의보다는 합의 민주주의에 가깝다. 이러한 원칙들은 인공지능의 적절한 활용을 통해 더욱 잘 구현될 수 있다.

인공지능 거버넌스의 주체는 인공지능 시스템, 공무원, 정치인(전국 의회 의원, 지역 의회 의원, 정당인), 기업, 시민 단체, 시민 등이다. 이때 기술적 존재인 인공지능을 공동 주체로 상정하는 것은, 인공지능이 의식과 감정 면에서도 인간에 준하는 수준에 도달했을 때다. 그 이전에는 법적 의미의 자연인에 한해 누구나 인공지능 프로그램에 접근하여 국가와 지역의 중요한 의제를 직접 논의할 수 있다.

초인공지능이 거버넌스의 공동 주체가 되면, 인간을 월등히 능가하는 역량 때문에 효율적 독재로 기울 수 있다는 두려움도 있다. 그러나 인공지능의 투명성과 설명 가능성을 확보해 통제가 가능하다면, 인공지능 거버넌스는 초지능의 도움으로 오히려 더 많은 시민에게 더 깊은 숙의의 기회를 제공하고, 현존 대의제 정치가 다루기 어려운 의제까지 다룰 수 있게 한다.

알고리즘 민주주의

인공지능 거버넌스는 정치 활동과 정책 수립·집행의 자동화를 통해 인공지능이 정치 과정을 주도하는 알고리즘 민주주의로 발현될 수 있다(손현주, 2019). 알고리즘 민주주의는 데이터주의(dataism)와 데이터 정치를 특징으로 한다. 데이터주의는 데이터를 조정하는 능력과 데이터화의 규모가 커지면, 데이터가 말해 주는 결과만으로도 인간 행동을 예측하고 적절한 의사 결정을 도출할 수 있다고 본다. 데이터는 인간의 감정과 이데올로기를 여과할 수 있는 투명하고 신뢰할 만한 시각을 제공하지만, 바로 그 때문에 비인간적인 치명적 오류의 가능성도 존재한다. 따라서 데이터를 사용하는 인공지능에 대한 적절한 통제가 필요하다.

알고리즘에 의한 정치를 뜻하는 알고크러시(algocracy)에서는 정치인과 시민의 정치 활동이 데이터주의에 따라 자동 관리된다(김상민, 2016). 그 결과 탈진실(post-truth)과 확증 편향이 발생하고, 선거를 비롯한 투표가 왜곡되며 여론이 조작될 수 있다. 대표적 예로, 유권자 정보 분석을 통해 관심사를 파악하여 선거 캠페인에 활용하는 빅데이터 시스템을 말하는 마이크로타기팅(micro-targeting)이 선거 및 의사 결정 과정을 왜곡할 수 있다(송종길, 2016).

가장 우려스러운 점은 이러한 현상이 거버넌스 알고리즘 자체를 오염시킬 수 있다는 것이다. 그렇게 되면 인공지능에 의한 인공지능의 장애라는 악순환이 증폭되어 치명적 결과로 이어질 수 있다. 데이터주의나 알고크러시가 자칫 디지털 전체주의나 데이터 야만주의에 빠질 위험이 있다는 경고(Brooks, 2013.2.4; Han, 2014; 손현주, 2019)는 무시할 수 없다.

알고크러시를 민주적으로 구성하고 운영하는 것이 알고리즘 민주주의다. 여기서 '알고리즘'이 '민주주의'보다 강조되면 기술 독재로 기울어 자유(자율성)와 평등이 훼손된다. 반대로 '민주주의'를 앞세우면, 민주주의의 기본 가치와 목적을 더 효율적이면서 폭넓게 실현할 수 있다. 이를 위해서도 알고리즘 민주주의는 다수결 민주주의가 아닌 합의 민주주의에 토대를 두고, 합의된 거버넌스 조직을 통해 관리와 평가가 이루어져야 한다.

AI 시대의 숙의 민주주의

캠벨과 털록(Campbell & Tullock, 1965)은 콩도르세의 역설(Condorcet's paradox)로 알려진 순환적 다수의 예로 숙의의 필요성을 설명했다. 피터, 폴, 메리가 술 A, B,

C 중 무엇을 살지 정한다고 하자. 선호도의 순서는 피터가 A>B>C, 폴이 B>C>A, 메리가 C>A>B다. 그러므로 A와 B 중에서는 다수(2명: 피터와 메리)가 A를 선택하고, B와 C 중에서는 다수(2명: 피터와 폴)가 B를 선택하게 된다. 그런데 A와 C 중에서는 다수의 경우에 A>B(2명: 피터와 메리)와 B>C(피터와 폴)가 성립되므로 A가 선택되어야 논리적임에도 실제로는 다수(2명: 폴과 메리)가 C를 선택하게 되어 다수결이 순환한다.

위 가정은 합의 민주주의가 아닌 다수결 민주주의를 전제한 단순 모형이다. 현실에서는 선호의 강도와 정보의 비대칭 등 다양한 변수가 존재한다. 이 예는 다수결의 오류 가능성을 단순화해서 보여 준다. 만약 숙의가 가능한 상황이어서 서로 의견을 교환할 수 있다면 어떨까. 그들은 다수의 경우에 A>B와 B>C가 성립한다는 사실을 인지하게 되어 A와 C 중에서 A를 선택할 가능성이 높아진다.

숙의는 각인들이 함께하는 토의에서 상호 경합하는 논변의 장단점을 진지하게 평가하는 과정이다. 숙의는 소규모로도 가능하며, 대표성을 갖추도록 구성할 수 있다. '소우주 숙의(microcosmic deliberation)'가 대표적 예다(Fishkin, 2009). 소우주 숙의 기구는 추첨(무작위 추출)으로 선발된 일반 시민의 대표 집단으로 구성되며, 소우주가 대표하는 인구 규모에는 상한선이 없다. 중요한 것은 무작위 추출에서 참여 왜곡을 최소화하는 일이다. 이를 위한 기술적 요건은 인공지능으로 상당한 정도까지 갖출 수 있을 것이다.

숙의의 질도 중요하다. 심도 있는 숙의를 위해 피시킨(Fishkin, 2009)은 다음과 같은 요건을 제시한다.

- 정보: 참가자가 이슈와 관련해 신뢰할 수 있고 상당히 정확한 정보에 접근하는가.
- 실질적 균형: 상충하는 논변이 상호 응답을 받는가.
- 다양성: 공중의 주요 입장이 숙의 참가자에 의해 충분히 대표되는가.
- 성실성: 참가자들이 논변의 장점을 진지하게 평가하는가.
- 동등한 고려: 누가 제기했는지와 무관하게 각 참가자의 논변이 공정하게 고려되는가.

참고문헌

김상민(2016). 《디지털 자기기록의 문화와 기술》. 커뮤니케이션북스.

김석준(2000). "거버넌스의 개념과 이론의 전개". 김석준 외. 《뉴 거버넌스 연구》, 31~60쪽. 대영문화사.

손현주(2019). "인공지능 거버넌스와 민주주의의 미래". 《사회사상과 문화》, 22(2), 305~349쪽.

송종길(2016). "그래서 그들은 SNS로 갔다?". 《방송 트렌드 & 인사이트》, 8, 40~44쪽.

Brooks, D.(2013.2.4). The Philosophy of Data. The New York Times. https://www.nytimes.com/2013/02/05/opinion/brooks-the-philosophy-of-data.html

Campbell, C. D. & Tullock, G.(1965). A Measure of the Importance of Cyclical Majorities. *The Economic Journal, 75*(300), pp.853~857.

Fishkin, J. S.(2009). *When the People Speak: Deliberative Democracy and Public Consultation*. Oxford University Press. 박정원 옮김(2020). 《숙의 민주주의》. 한국문화사.

Han, B.-C.(2014). *Psychopolitik: Neoliberalismus und die neuen Machttechniken*. S. Fischer. 김태환 옮김(2015). 《심리 정치: 신자유주의의 통치술》. 문학과지성사.

Kjær, A. M.(2004). *Governance*. Polity Press. 이유진 옮김(2007). 《거버넌스》. 오름.

Rhodes, R. A. W.(1997). *Understanding Governance: Policy Networks, Governance, Reflexivity and Accountability*. Open University Press.

08
AI 시대의 정부와 의회, 거버넌스 기구

AI 시대 국가 차원의 주요 의사 결정 및 집행 기구는 정부, 의회, 거버넌스 기구로 구성된다. 정부는 행정부를 말하며, 의회는 정당 간 협치 기구를 지칭하며, 거버넌스 기구는 시민 사회 단체를 포함한 이해관계자 간 협치 기구를 의미한다. 거버넌스 기구는 행정부 부처별로 설치되어 부문별로 의회에 준하는 역할을 한다는 점에서 제3의회라고 할 수 있다.

AI와 인재 채용?

정부

알고리즘 민주주의에서는 알고리즘에 의해 효율성이 신장되는 만큼 정부의 역할이 줄어든다. 국민의 직접 참여가 늘어난다는 점에서도 정부의 역할은 그만큼 축소된다. 정부의 기본 기능은 유지되지만, 주요 결정은 대부분 국민의 직접 참여(위임 투표 포함)로 이루어지므로 정부는 의제(agenda) 설정, 세부 정책 결정 및 주요 정책의 구체화, 정책 집행과 그 지휘에 한정된다.

AI 시대의 정치에서도 권력의 원천은 국민이고 그 대표 기구는 일차적으로 의회다. 그러나 언제나 그렇듯 권력의 실제적 중심은 규범을 제정하는 기구보다 구체화하고 집행하는 기관에 있다. AI 시대에도 역시 권력의 실제적 중심은 정부일 수밖에 없다. 그러므로 정부 전체에 대한 감시는 의회가 수행하더라도, 부처별로 이루어지는 더 세부적이고 전문적인 구체화와 감시가 별도의 기구를 통해 이루어질 필요가 있다. 인공지능의 도움으로 권력 집행이 더욱 지능적이고 효율적으로 작동하므로, 그만큼 감시 기능 또한 전문화되고 구체화되어야 하기 때문이다. 이 부처별 감시 및 구체화 기구가 아래에서 설명할 인공지능 거버넌스 기구다.

정부 형태의 선택은 각 나라의 여건에 따라 다를 수 있다. 현존하는 대표적 정부 형태는 대통령 중심제와 의회 중심제(내각제) 및 이원 정부제다. 아래에서는 대통령 중심제와 의회 중심제로 나누어 설명한다. 이원 정부제는 대통령을 국민 직선으로 선출하고 내각 구성은 의회 중심제 방식을 따르면 되기 때문이다.

대통령 중심제에서 대통령은 국민으로부터 직접 선출된다. 대선에서는 분할 투표나 위임 투표를 허용하지 않는 것이 바람직하다. 1인에게 포괄적 권력을 위임하는 선거이므로, 특정 전문 지식이나 이해관계가 작용하는 사안이 아니기 때문이다. 바로 그렇기에 대통령의 권한은 엄격히 제한할 필요가 있다. AI 시대에 가능한 중요한 장치 중 하나가 부처 장관을 국민의 투표로 선출하는 것이다. 장관은 인원이 매우 적고 일정한 전문성이 요구되므로 선거 선출이 적절하다. 투표는 분할 투표와 위임 투표를 결합한 방식을 사용하며, 후보는 정당이 추천한다. 모든 경우에 최종 결정은 절대 다수결을 따르되, 충분한 숙의 과정이 보장되어야 한다.

의회 중심제(내각제)에서는 의회 다수당이 내각을 구성한다. 부처 장관은 다수당이 제시한 후보 중에서 의회가 선출한다. 이때도 분할 투표와 위임 투표를 허용할 필요가 있다. 위임은 동료 의원에게만 가능하게 한다.

이 표결에 대한 정당의 개입은 크게 제약하며, 특정인에 대한 지지는 표명할 수 있으나 분할·위임의 구체적 내용은 각 의원의 고유 권한으로 보장되어야 한다. 의회는 기본적으로 정당의 파견 기구가 아니라 국민의 대표 기구다.

의회

알고리즘 민주주의에서는 정책 효율이 신장되고 국민의 직접 참여가 확대되므로 의회의 역할도 일부 축소된다. 그럼에도 의회의 기본 기능은 유지된다. 정부가 세부 정책을 수립·집행한다면, 의회는 정부 감시와 법률 제정을 담당한다. 다만 핵심적이거나 중요한 법률·정책은 국민이 직접 결정하므로, 의회의 기능은 국민의 직접 결정 사안을 제외한 부분에 한정된다. 국민 직접 결정의 범위는 인공지능의 발전 수준과 여러 여건에 따라 달라지되, 그 결정 방식은 어떤 형태로든 국민의 합의를 거쳐야 한다.

의회는 양원제가 바람직하다. 제1의회는 인구 비례 대표로 구성하고, 제2의회는 지역 대표로 구성한다. 인간은 거주 공간 없이 살 수 없으므로 거주 지역 대표성은 독자적 의미를 갖는다. 제1의회는 순수 추첨이 가능해질 때까지 선거제와 추첨제를 혼합한 '추첨형 선거제'로 선발하고, 제2의회는 지역 정부 파견 대표로 구성한다.

제1의회 선출 방식이 추첨형 선거제일 경우, 대부분의 선거 운동을 금지한다. 정당이나 후보는 공약과 정책을 제시하고 기본적인 경력과 범죄 이력 여부 및 재산 등 공직 적절성 판단을 위한 기본 자료를 공개하는 데 그친다. 의원의 연임은 금지하고 임기는 2년 이내로 한다. 추첨제의 효과를 가미해 선거의 과두제적 성격을 최소화하기 위함이다. 국회의원 선거에서는 분할 투표를 허용하지 않고, 위임 투표는 제한적으로 허용하거나 금지한다. 분할 투표의 효과는 아래 단기 이양식 투표(STV: Single Transferable Vote)로도 달성할 수 있고, 위임 투표는 특정인에게 과도한 권한 집중을 야기할 수 있기 때문이다.

의석 배분은 인물 투표형 비례 대표제인 단기 이양식 투표(STV)가 적절하다. 후보별 복수 기표와 순위 투표를 허용해 쿼터(quota: 한 의석 획득에 필요한 득표 수)를 충족한 후보에게 의석을 배분하고 남는 표를 2순위 후보에게 이양한 후 다시 쿼터 충족 여부를 판단해 의석을 배정하며, 모든 의석이 배분될 때까지 이 작업을 반복한다. 이 선출 방식은 인물 투표를 통해 비례 대표의 의미를 달성할 수 있을 뿐 아니라, 복수의 인물에게 투표하므로 분할 투표의 효과도 갖는다.

의정 활동 표결에는 분할 투표와 위임 투표를 허용한다. 상호 영향 관계가 있는 복수 안건에는 분할 투표를 허용하고, 단일 안건이나 상호 영향 관계가 없는 안건에는 안건별 절대 다수결로 표결한다. 긴급하지 않거나 모든 국민에게 동일한 영향을 미치지 않는 사안에는 위임 투표를 폭넓게 허용한다.

특히 위임 투표의 경우 의회 규모가 충분히 크다는 전제가 충족되어야 한다. 의회 규모는 대표성을 높이기 위해 충분히 커야 한다. 국민의 직접 결정이 증가해 의회의 역할이 줄어들더라도, 의회는 추첨제를 바람직한 구성 원칙으로 하고 현실 여건에 따라 추첨형 선거제로 구성되기 때문이다. 의회 규모가 클수록 동료 시민이나 평균적 국민과의 유사성(Manin, 1997)이 높아지고 그럼으로써 대표성도 더 확보될 수 있다.

정부 거버넌스 기구

정부 거버넌스 기구는 정부 부처의 집행을 감시하고 부처별 규범 및 세부 정책을 입안하는 기구다. 세부 정책 입안은 이해관계가 복잡하거나 첨예하게 얽힌 사안에 한정한다. 이 기구는 인공지능의 도움을 받아 활성화될 수 있으며, 인공지능 거버넌스의 상징적 기구로서 알고리즘 민주주의(손현주, 2019)가 작동한다.

구성은 순수 추첨제를 적용한다(숙의 기구 구성 참조: Fishkin, 2009). 부처별 전문성과 특정 이해관계가 작용하므로 국민 전체를 대상으로 하되 관심을 갖거나 이해관계가 있는 집단을 중심으로 구성한다. 미국의 배심원 선정처럼 무작위 추출을 통해 일차 선정을 하고 자격 심사를 실시해 재차 선별한 후 본인에게 통보해 참여 의사를 타진한다. 특별한 사정이 없는 한 선정된 후보의 참여는 의무로 규정되는 것이 바람직하다. 하지만 후보가 거절하더라도 법적인 제재를 가하지는 않는다. 투표에서 기권이 허용되듯이 이 기구 참여에도 거절의 자유가 보장되어야 하기 때문이다.

정부 거버넌스 기구는 부처별 규범과 정책을 입안하고 부처를 감시하므로, 궁극적으로 제3의회라 할 수 있다. 또한 정부 내 기구이지만 정부 감시 역할을 수행하는 '파수꾼 민주주의'(Keane, 2009)의 핵심 기구로 기능한다. 추첨제로 구성하는 만큼 충분한 규모를 갖춰야 하며, 기구 내 의사 결정은 의회 방식을 준용한다.

참고문헌

손현주(2019). “인공지능 거버넌스와 민주주의의 미래”. 《사회사상과 문화》, 22(2), 305~349쪽.

Fishkin, J. S.(2009). *When the People Speak: Deliberative Democracy and Public Consultation*. Oxford University Press. 박정원 옮김(2020). 《숙의 민주주의》. 한국문화사.

Keane, J.(2009). *The Life and Death of Democracy*. Simon & Schuster. 양현수 옮김(2017). 《민주주의의 삶과 죽음: 대의 민주주의에서 파수꾼 민주주의로》. 교양인.

Manin, B.(1997). *The Principles of Representative Government*. Cambridge University Press. 곽준혁 옮김(2004). 《선거는 민주적인가: 현대 대의 민주주의 원칙에 대한 비판적 고찰》. 후마니타스.

09
AI 시대의 정당 정치와 정치 팬덤

정당은 대의 민주주의의 핵심 행위자로서 대의제의 민주화를 주도했다. 하지만 점차 엘리트주의화하면서 민주주의에 역행하는 모습을 보인다. 정치 팬덤은 정당을 우회하거나 정치와 국민을 직접 매개하는 역할을 수행하기도 한다. 뉴미디어와 AI 시대에 국민의 직접 참여와 추첨제가 확대되면 정당의 역할은 크게 줄어들 것이다. 정당은 그에 걸맞게 변화하지 않으면 도태될 가능성이 크다.

AI와 기자?

정당과 대의 민주주의

초기 대의 정치 이념에서 정당은 '파당(派黨)'으로 취급되어 금기시되었다. 정당 정치가 '정당 민주주의'로 불리며 정당화(legitimation)된 것은 근대 민주주의의 산물이다. 대의제가 정착하면서 정당이 정당화되었다기보다 오히려 정당이 대의제를 민주화했다고 보는 편이 타당하다. 마넹(Manin, 1997)에 따르면 정당이 등장하면서 대의제의 대표는 더 이상 미국 헌법 제정자들이 원했던, 재능과 부를 지닌 엘리트가 아니라 전투적 행동과 특정 주장이나 운동에 대한 헌신으로 정당의 최고 지위에 오른 보통 시민들로 구성되기 시작했다. 이러한 현상을 영미 이론가들은 '정당 정부(party government)', 독일 이론가들은 '정당 민주주의(Parteiendemokratie)'라고 불렀는데, 모두 정당에 의한 대의제의 민주화를 의미한다.

그러나 정당도 일찍부터 관료제화 · 과두제화했고, 현대에는 국민 정당(Volkspartei: Mintzel, 1984)과 포괄 정당(catch-all party: Kirchheimer, 1966)을 거쳐 카르텔화(Mair, 1994)해 왔다. 대의제의 과두제적 성격을 탈피해 민주화를 추동했던 정당 정치가 스스로 과두제화한 것이다. "대표들로 구성된 집단(예: 의회 내 정당)과 정당 지도부의 특권"이 새로운 엘리트를 형성했다고 할 수 있다(Manin, 1997). 현대 정치에서 정당은 국민과 정부 · 의회를 매개하기보다 대의제 엘리트의 충원 통로에 가까워졌다.

특히 카르텔 정당 체제가 형성되면서 기성 정당들이 담합하여 공영 방송 접근, 국고 보조금, 정당 활동 규제 등 자신들의 생존과 번영을 위한 제도를 활용해 신생 정당의 의회 진입을 가로막는 경향도 나타났다. 또한 뉴미디어 발달로 미디어에 최적화된 인물이 최고 공직 후보가 되어 정당의 정상에 오르면서, 정치의 인물화와 사인화가 촉진되는 미디어 매개 인물 정당(media-mediated personality party: Seisselberg, 1996) 현상이 심화하고 팬덤 정치도 가속되었다.

AI 시대의 정당 정치

구딘(Goodin, 2008)에 따르면, 정당 없는 민주주의는 다음과 같은 바람직하지 못한 특징을 띨 수 있다.

- 유권자가 이데올로기나 강령적 이유보다는 개인적 자질(최선의 시나리오일 경우, 호감, 화술, 능력, 진실성)에 기반해 대표자를 선택하게 되는 인물주의 정치.
- 의회에서 연합 형성이 개인적 · 임시적이고 인신 공격적

인 성격을 띠는 후견주의 정치.

• 정치인이 공동 이익의 추구보다는 유권자에 대한 서비스에 초점을 두는 후원 정치.

• 체계적이고 일관된 일련의 정책을 도입하려는 일치된 행동의 토대가 부재함에 따른 행정 중심 정치.

• 공유된 이해관계에 기반한 주장보다 인간적 · 집단적 유사성에 따라 투표하게 되는 정체성 집단의 정치.

인공지능이 고도로 발달해 전면 추첨제가 도입되면 이러한 폐해는 상당 부분 사라질 수 있다. 다만 한정된 공직과 막대한 인구 규모로 인해 모든 국민에게 공직 기회가 돌아갈 수 없다는 점에서 전면 추첨제에는 한계가 있다. 따라서 추첨과 그 결과에 대한 사회적 합의가 필요하다. 이를 위해 공직이 특권이나 특혜가 아니라 구성원으로서의 의무 수행이라는 인식이 정착되어야 한다.

추첨제나 추첨형 선거제에서도 정당의 역할은 줄어들 뿐 사라지지 않는다. 특히 전면 추첨제가 아닌 경우 정당은 동일 이념의 결집, 후보 추천, 정책 개발, 이해관계 조정에 기여할 수 있다. 오히려 과거 대의제에서 나타난 폐해를 극복하고 국민과 정부 · 의회를 매개하는 본연의 역할에 더 충실해질 수 있다. 권력 기관에 밀착해 온 경로를 벗어나 시민 사회로 더 가까이 갈 수 있다는 뜻이다.

정당 조직도 그에 맞게 변해야 한다. 스캐로(Scarrow, 2015)는 뉴미디어 이후 정당 조직의 변화를 '다변 소속 정당(multi-speed membership party)' 개념으로 설명한다. 기존의 동심원 구조(핵심 당원 - 일반 당원 - 지지자)가 당원 내부 구분뿐 아니라 지지자와의 경계까지 흐려지는 구조로 바뀐다는 것이다. 전통적 활동가 외에도 사이버 당원, 팔로워, 유동 당원, 새로운 청중 등이 정당 활동에 적지 않은 영향을 미치며, 활동가조차 당원과 비당원의 경계가 약화되는 경향을 보인다. 정치 팬덤의 등장도 이와 밀접히 연관된다. 뉴미디어 AI 시대에 정당의 생존은 이러한 환경 변화에 어떻게 적응하느냐에 달려 있다.

AI 시대의 정치 팬덤

문화 예술과 스포츠 분야에 고유했던 팬덤이 2000년대 이후 정치 영역으로 뚜렷이 옮겨 왔다(정병기, 2025). 그 이유로 정치의 이미지화와 감성화, 정치의 인물화, 미디어 발달, 대중의 성격 변화가 거론된다. 전통 미디어의 등장은 이러한 변화를 촉진했고, 뉴미디어는 이를 더 가속화했다.

정치 팬덤은 대의제의 결함과 정당의 폐해에서 비롯된 대의 민주주의 위기의 징후라는 해석이 설득력 있다. 그러나 이 징후는 두 가지 측면을 가지고 있다. 특히 사회적 징후는 생물학적 징후와 달리 간접적으로 병리 현상을 치유하는 성격뿐 아니라 그 자체로 일정한 변화를 거쳐 순기능을 수행할 수도 있다.

최근 정치 팬덤의 변화도 문화 예술 · 스포츠 팬덤의 변화와 유사하다. 팬덤 대상과 팬덤의 관계가 수직적 · 일방향적 관계에서 수평적 · 쌍방향적 관계로 전환됨과 동시에 팬덤 대상도 다중화 · 다중심화하고 있다. 또한 초기에는 특정 인물에 대한 과도한 충성으로 감성화, 카리스마화, 양극화를 부추겼지만, 2010년대 이후에는 정치 개혁을 추동하는 긍정적 모습도 나타났다. 이는 엘리트주의화한 정당을 보완하거나 대체하는 역할로 볼 수 있다.

이 현상을 설명하기 위해 부르디외(Bourdieu, 1979)의 '문화 매개자(cultural intermediary)' 개념을 원용할 수 있다(정병기, 2025). 문화 매개자는 "문화 생산과 수용의 중간 과정에 개입하는 모든 기구와 행위자들"(이상길, 2010)을 가리키는 개념이다. 이를 적용해 정치 팬덤을 정치 영역에서의 정치 매개자로 규정할 수 있다.

팬덤은 주권자 국민의 일부로서 국민과 동일한 존재이기도 하다. 정치 팬덤은 매개자가 아니라 수요자인 국민 자신이 된다는 것이다. 팬은 팬덤 대상인 정치인이나 정당을 통해 자신의 이해관계를 직접 추구하기도 하지만, 역시 국민의 한 사람으로서 특정 집단의 이해관계를 대변하기도 한다. 정치인과 정당(대리인) 외에 정치 팬덤이 국민(본인)의 또 다른 대리인으로 등장한다는 얘기다.

다만 정치인이나 정당이 정치 기구를 직접 장악해 정책을 실현하는 것과 달리 정치 팬덤은 특정 정치인이나 정당이라는 대상을 통해 목표를 실현하려 한다. 정책을 팬덤 대상으로 하는 경우에도 정치 팬덤은 대개 특정 정당이나 정치인을 도구로 선택한다. 그러므로 정치 팬덤은 정치인 · 정당 혹은 정치 기구와 국민 사이의 매개자라 할 수 있다.

인공지능의 효율성에 의해 국민은 팬덤 같은 직접 매개자 역할을 수행하기에 더 수월하게 된다. 하지만 추첨제나 추첨형 선거제가 더 많이 도입되면 이러한 매개자의 역할도 줄어들게 된다. 정치 팬덤은 정당의 변화와 함께 AI 시대에 걸맞은 새로운 조직으로 통합되거나 수렴될 가능성이 크다.

참고문헌

이상길(2010). "문화 매개자 개념의 비판적 재검토: 매스 미디어에서 온라인 미디어까지". 《한국언론정보학보》, 52, 154~176쪽.

정병기(2025). "뉴미디어 시대 대중의 변화와 팬덤 정치". 28th World Congress of Political Science 발표 논문.

Bourdieu, P.(1979). *La Distinction: Critique sociale du jugement.* Editions de Minuit. 최종철 옮김(2005). 《구별 짓기: 문화와 취향의 사회학》, 상·하권. 새물결.

Goodin, R.(2008). *Innovating Democracy: Democratic Theory and Practice after the Deliberative Turn.* Oxford University Press.

Kirchheimer, O.(1966). The Transformation of the Western European Party System. In Lapalombara, J. & Weiner, M.(eds.). *Political Parties and Political Development,* pp.177~200. Princeton University Press.

Mair, P.(1994). Party Organizations: From Civil Society to the State. In Katz, R. S. & Mair, P.(eds.). *How Parties Organize,* pp.1~22. Sage.

Manin, B.(1997). *The Principles of Representative Government.* Cambridge University Press. 곽준혁 옮김(2004). 《선거는 민주적인가: 현대 대의 민주주의 원칙에 대한 비판적 고찰》. 후마니타스.

Mintzel, A.(1984). *Die Volkspartei: Typus und Wirklichkeit. Ein Lehrbuch.* Westdeutscher Verlag.

Scarrow, S.(2015). *Beyond Party Members: Changing Approaches to Partisan Mobilization.* Oxford University Press.

Seisselberg, J.(1996). Conditions of Success and Political Problems of a 'Media-Mediated Personality-Party': The Case of Forza Italia. *West European Politics, 19*(4), pp.715~743.

10
AI 시대의 지역 자치

인공지능의 발달로 지역 자치의 가능성도 현저히 높아질 수 있다. 사실 지역 자치와 분권은 오랫동안 연구되어 왔으므로 필요한 요건도 충분히 알려져 있다. 문제는 많은 나라에서 이러한 요건이 충족되지 못했다는 것이다. 이 장에서는 새로운 요건을 제시하기보다 기존 요건을 AI 시대에 적용하고 강조한다.

AI와 미래 의사?

지역 자치와 민주주의

분권과 자치를 논할 때 대개 '지방'이라는 개념이 사용된다. 하지만 이 개념은 흔히 중앙(때로는 수도)에 대한 대립 개념으로 인식되므로 연방제에서는 보편적이지 못하다(정병기, 2018). 또한 관공서 명칭의 경우 특정한 방향의 장소를 지칭하기도 하지만(예: 서울중앙지방법원), 일반적으로는 비수도권을 지칭하거나 때로 폄하하는 용어로 쓰인다.

연방 구성국을 지칭할 때는 보통 '주(州)' 또는 '연방주(聯邦州)'라는 개념을 사용한다. '연방제(聯邦制)'와 '단방제(單邦制)'에서 보듯이 연방 구성국의 개념으로 '방(邦)'을 쓰는 편이 논리적이다. 그런데 지방(地方)의 '방(方)'과 동음이의어여서 오해의 소지를 줄이려는 의도였는지는 알 수 없으나 '방(邦)' 대신 '주(州)'를 쓰는 것이 일반화되었다.

'지방'과 '주'를 모두 아우르는 개념으로는 '지역'이 가장 적절하다. '전국'을 어떤 특징에 따라 나눈 일정한 공간을 뜻하는 '지역'은 '지방'과 '주'뿐 아니라 수도까지 포괄하기 때문이다. 따라서 이 글에서는 인용문이 아닌 한 '지방' 대신 '지역'을, '중앙' 대신 '전국'을 사용한다(연방제의 경우는 '연방').

앞서 설명했듯이 대의제 도입이 인구 증가에 기인한 것은 아니다. 그러나 현대 국가에서 적어도 전국적 차원에서는 인구 규모가 직접 민주주의의 중요한 장애로 작용하는 것이 사실이다. 또한 사회의 전문화와 복잡화로 인해 정치의 전문성과 복잡성도 증가해 정치가에게 일정한 지식과 능력을 요구하게 되었다. 하지만 인공지능 같은 초지능이 등장함에 따라 이러한 장애 요인들은 해결 가능한 기술적 문제로 드러나고 있다.

민주주의의 기본 행위자는 개인(각인)이며, 개인은 장소를 떠나 살 수 없다. 그 사는 장소의 기본 단위가 지역이다. 뉴미디어와 인공지능이 고도로 발달해 물리적 경계가 희미해진다 해도, 육체를 가진 인간은 특정 지역에서 살 수밖에 없다. 그러므로 지역의 삶은 민주주의의 기본 행위자가 누리는 삶에 가장 근접해 있으며, 정치적으로도 그 의사 결정이 일상에 가장 직접적이고 신속하게 영향을 미친다.

각인은 국민의 일부이므로 전국적 사안에 대해 국민 전체(n)의 한 사람(1/n)으로서 참정권을 가지며, 이는 주로 제1의회를 통해(그리고 부문별로는 인공지능 거버넌스 기구를 통해) 대표된다. 또한 각인은 지역 주민의 일부이기도 하므로 지역 내 사안에 대해 주민 전체(c)의한 사람(1/c)으로서 지역 내에 대표됨과 동시에, 지역과 관련된 전국적 사안에 대해 국가 내 자치 지역 총수(r)의 하나(1/r)로서 대표된다(정병기, 2018). 이때 1/r의 의미는, 주민으로서의 각인이 자치 지역을 통해 지역 차별 없이 집단적으로 대표될 뿐 아니라, 지역 의사 형성 과정에서 각인으로서의 자유와 평등도 보장받는다는 것이다. 이러한 대표 방식은 전국 의회(특히 제2의회)와 지역 의회를 통해 구현되고 보장되어야 한다.

AI 시대의 지역 분권 유형

지역 분권의 유형은 이전하는 권한의 종류와 정도에 따라 나뉜다(정병기, 2018). 권한의 종류에 따른 분류는 전국 권력의 기능적 분류와 유사하게 행정적 분권, 집행적 분권, 입법적 분권으로 구분한다. 행정적 분권(administrative decentralization)은 행정 과제가 지역으로 이전되지만 결정권은 전국에 남아 있는 형태다. 이 경우 지역 정부는 관할 전국 정부의 집행 기관으로 기능한다. 집행적 분권(executive decentralization)은 결정권을 포함한 행정권의 일부를 전국에서 지역으로 이전하는 유형으로, 지역 정부가 전국 정부 사무의 단순한 기능적 연장선이 아니라 독자적 자치 정부로서 자신의 사무를 처리한다. 입법적 분권(legislative decentralization)은 국가 입법 권한의 일부까지 지역 의회(regional parliament)로 이전하는 것을 말한다.

다만 이 구분은 기능적 측면이 강조되어 이전 정도를 명확히 드러내지 못한다. 론디넬리(Rondinelli, 1981)는 권한 이전의 정도에 따라 분산(deconcentration), 위임(delegation), 이양(devolution)으로 구분한다.

분산은 전국 정부 부처의 권한 일부를 지역의 관할 부처 사무실로 이전하는 형태다. 이때 업무 수행 방식에 대한 결정권은 전국 부처의 권한으로 남으므로 행정적 분권과 유사하다. 이 유형의 극단적 형태는 민주적 분권보다는 행정적 효율을 위한 기능적 분권을 의미한다.

위임은 전국 정부 부처의 간접적 통제를 받지만 특정 기관들의 의사 결정권과 행정권을 모두 이전하는 형태다. 위임받은 지역 정부는 자치 정부로 설정된다는 점에서 역시 집행적 분권과 유사하다. 하지만 위임이라는 특정 개념으로 권한 이전의 의미를 명료하게 했다는 점에서 더 유용하다.

분권의 가장 심화된 유형인 이양의 극단적인 경우는 전국 정부의 통제를 벗어난 새로운 통치 단위를 구성하는 형태로 나타나기도 한다. 그래서 셔우드(Sherwood,

1969)는 이양을 분권이 아니라 분리(separateness)로 이해하기도 한다. 분권은 조직 내부 권력 관계를 표현하는 개념인 반면, 이양은 조직 간 권력 관계를 표현하는 개념이다. 그러나 분리 독립과 같은, 주권의 총체적 이양이 아니라 연방주나 특별 자치의 형태로 국가 테두리 내의 일부 권한을 이양하는 것도 가능하다.

이양을 분권에 포함시킬 때 지역 분권은 연방제나 그에 준하는 특별 자치 제도(이탈리아의 5개 특별 자치주나 영국의 스코틀랜드가 좋은 예)를 포괄할 수 있는 적절한 근거를 확보하게 된다. 정치의 효율성이 크게 신장되어 주민 직접 참여 정치와 추첨제가 가능하려면 이와 같은 수준의 분권이 필요하다.

AI 시대 지역 자치의 요건

지역 분권이 이루어지지 않았다고 민주주의가 아닌 것은 아니다. 지역 분권이 필요한 경우는 각인과 국가 사이에 지역적으로 경계 지을 만한 정체성 있는 집단이 존재하거나 국가 규모가 민주주의를 제약할 정도로 큰 경우다. 기본적인 것은 각인의 자유와 평등을 보장하기 위한 필요성이 존재해야 한다는 것이다. 그러므로 국가 규모가 작고 지역 간 갈등이 없어 국가 단위만으로도 개인의 자유와 평등이 충분히 보장될 수 있는 상황이라면 지역 분권 없이도 민주주의가 가능하다.

반대로 지역 분권이 이루어졌다고 해서 민주주의가 자동으로 보장되거나 발전하는 것도 아니다. 분권화된 단위 공동체가 비민주적으로 작동할 수도 있으며, 자치 공동체 간 갈등이 첨예해 통합적 민주 질서 유지가 어려워질 수도 있다. 민주주의는 지나치게 큰 규모에서도 보장되기 어렵지만 지나치게 작은 규모에서도 지켜지기 힘들다. 지나치게 규모가 작을 경우, 합리성보다 정의(情誼, intimacy)가 더 중요해짐으로써 권위주의적 질서와 관행이 쉽게 자리 잡을 수 있기 때문이다.

따라서 지역 분권이 민주주의 발전과 긍정적 관계를 갖기 위해서는 적절한 요건이 충족되어야 한다. 그 요건은 크게 주체와 대상 및 자원으로 나눌 수 있는데, 주체는 분권된 주권자의 성격, 대상은 분권화 대상인 권력의 범위, 자원은 분권된 권력 행사의 사회 경제적 토대를 말한다. 이 세 가지가 각인의 자유와 평등이라는 전제 위에 조화를 이루어야 한다.

주체: 분권화 권력의 주체는 일차적으로 지역이며, 지역은 다시 주민으로 불리는 각인과 각인의 집단을 의미한다. 주

체의 객관적 요건은 영역의 경계 획정인데, 이것은 자의적 과정이나 행정 편의적 과정의 산물이 아니라 생활 패턴과 지역 공간에 조응하는 특정한 정치적 가치를 구체화하는 원리를 반영해야 한다(오동석, 2002).

대상: 분권화 권력의 범위는 지역 내 정책 사안에 대한 결정권뿐만 아니라 지역 정부 형태에 대한 결정권을 포함하고, 더 나아가 지역 문제와 결부된 사안에 대해서는 전국 정부의 정책에 대한 접근과 참여의 권리도 포괄한다. 특히 이 요건은 완전한 자치권 확보를 위해서는 주민들에게 자기 지역의 정부 형태를 선택할 권한까지 부여되어야 한다는 것을 강조한다.

자원: 지역 분권의 자원은 지역의 경제력과 교통 통신 수단 및 지역 언론 등 일반적으로 민주주의의 유지와 발전을 위해 필요한 사회 경제적 기반을 말한다. 특히 지역 언론의 발전은 지역 정부에 대한 감시를 위해 필수적인 요건이 된다. 초연결 사회에서는 수도권 집중 현상이 약해지고, 일상의 터전인 지역과 그 사회 경제적 기반은 더욱 중요해진다.

이 기본 요건들은 분산과 위임의 단계에서는 충족되

기 어렵다. 최종 단계인 이양이 실현될 때 충족될 수 있으며, 이를 통해 지역 분권은 민주주의 발전에 긍정적으로 작용할 가능성이 높아진다. 인공지능을 통해 이러한 요건의 충족이 한결 더 수월해질 것으로 예상된다. 또한 초지능을 통해 과도하게 중앙 집중화하는 정치의 부정적 영향을 최소화하고 지역과 일상의 가치를 지키기 위해 지역 정치의 중요성은 더욱 커진다.

참고문헌

오동석(2002). "지방 자치의 필요충분조건으로 지방 분권과 참여 민주주의". 《법과 사회》, 23, 9~36쪽.

정병기(2018). "지방 분권과 민주주의: 민주주의 발전을 위한 지방 분권의 이론과 요건". 《한국과 국제정치》, 34(1), 1~24쪽.

Rondinelli, D. A.(1981). Government Decentralization in Comparative Perspective: Theory and Practice in Developing Countries. *International Review of Administrative Sciences, 47*(2), pp.133~145.

Sherwood, F. P.(1969). Devolution as a Problem of Organization Strategy. In Daland, R. T.(ed.). *Comparative Urban Research: The Administration and Politics of Cities*, pp.60~87. Sage.

정병기

영남대학교 정치외교학과 교수다. 베를린 자유대학교에서 정치학 박사 학위를 받았다. 서울대학교 기초교육원과 교수학습개발센터에서 강의교수(2004~2007) 및 연구교수(2007~2009)를 역임했다. 시인 및 영화평론가로도 활동하고 있다. 주요 저서로 《인공지능과 새로운 개인주의》(2025), 《포퓰리즘》(2021), 《정당 체제와 선거연합: 유럽과 한국》(2018), 《표준의 통합 효과와 표준화 거버넌스》(2016) 등 50여 권의 정치학 단행본과 《엔딩 크레디트》(2024) 등 5권의 시집, 《사랑과 예술, 아모르파티》(2023) 등 2권의 영화평론·분석집이 있으며, 130여 편의 논문을 발표했다.